SILVAIN ROUDÈS

Pour Faire Son Chemin
Dans la Vie

MOYENS ET QUALITÉS QUI PERMETTENT D'ARRIVER

AU SUCCÈS ET A LA FORTUNE

Suivez les conseils de ce livre et votre vie, jusque-là médiocre et aride, deviendra facile, intéressante, élevée. Toutes les ambitions vous seront permises, tous les chemins vous seront ouverts. Vous serez un homme supérieur, la fortune vous sourira, vous ne connaîtrez pas la maladie, vous aurez une vieillesse heureuse.

Trente-quatrième mille

PARIS

Pour faire son chemin
Dans la Vie

Tous droits de traduction et de reproduction réservés pour tous pays, y compris la Suède, la Norvège, la Hollande et le Danemark.

Privilege o copyright in the United States reserved under the act approved September 24 1907 by Pierre Pancier.

SILVAIN ROUDÈS

Pour faire son chemin

Dans la Vie

MOYENS ET QUALITÉS QUI PERMETTENT D'ARRIVER
AU SUCCÈS ET A LA FORTUNE

> Suivez les conseils de ce livre et votre vie, jusque-là médiocre et aride, deviendra facile, intéressante, élevée. Toutes les ambitions vous seront permises, tous les chemins vous seront ouverts. Vous serez un homme supérieur, la fortune vous sourira, vous ne connaîtrez pas la maladie, vous aurez une vieillesse heureuse.

PARIS

BIBLIOTHÈQUE DES OUVRAGES PRATIQUES

16, rue des Fossés-Saint-Jacques, 16

AVANT-PROPOS

De tous les biens de la vie, que celle-ci, d'ailleurs, nous mesure parcimonieusement, le plus précieux est certainement la Santé. C'est aussi celui que nous négligeons le plus. Nous gaspillons nos forces, nous abusons de notre estomac, nous prodiguons notre énergie avec une insouciance coupable. Qu'importent un cœur battant régulièrement, un cerveau lucide, des poumons vigoureux et puissants ! Nous ne visons qu'un seul but : la richesse.

Toutes nos facultés, tous nos actes, tous nos espoirs se concentrent et se dépensent pour la conquête de l'or. Sur la route du Temps, nous courons sans répit vers quelque fabuleuse terre d'Alaska qui promet à nos convoitises le prodigieux métal. Un vent de folie nous mène, nous crions, nous écrasons les faibles; poussant les uns, poussés des autres, tiraillés, violentés, butant aux obstacles, nous tombons sans souffle ; nous nous raidissons, laissant un lambeau de chair aux pierres aiguës du sol ; puis relevés, nous reprenons notre course ardente, nos clameurs, nos luttes, les yeux fixés vers l'éblouissant mirage, les bras tendus vers la cité de joie.

Combien peu, hélas ! sont récompensés de leurs efforts ! Combien peu touchent à la frontière espérée !

La possession de l'or étant la suprême et primordiale pensée de tous, je crois utile, pour ne pas user la patience des lecteurs, de consacrer les premiers chapitres de ce livre aux méthodes et moyens divers employés pour le gagner, depuis qu'il existe des hommes et qui peinent. Les chapitres sur la santé et la beauté ne viendront qu'après, puisque aussi bien ces dons n'ont, suivant l'erreur commune, qu'une valeur secondaire.

Dans le cours du présent ouvrage, j'ai intercalé presque à chaque page des citations, des pensées, des maximes, empruntées aux hommes éminents de toutes les époques. D'abord, pour bien montrer au lecteur qu'en lisant mes recommandations, en suivant mes conseils, ce n'est pas moi, obscur écrivain, qu'il écoute, mais bien la voix de ceux qui ont le droit de parler. Ensuite, parce que je sais que la mémoire, paresseuse de nature, retient mal l'enseignement qu'on lui donne, et que rien ne l'aide autant à se rappeler ce qui peut être profitable à l'esprit que ces formules concises, cette quintessence de sagesse et d'observation, exprimées en quelques mots inoubliables.

Avant et mieux que moi, Joubert a dit : « **Les bonnes maximes sont les germes de tout bien; fortement imprimées dans la mémoire, elles nourrissent la volonté.** »

Je me suis souvenu de cette parole, j'en ai reconnu la vérité. Et c'est pourquoi j'ai tenté, du mieux que j'ai pu, de fournir à la mémoire du lecteur de nombreux et puissants points d'appui, d'augmenter sa force morale ainsi que ses moyens d'action. J'ai voulu, en citant fréquemment, l'armer de l'expérience des siècles et le faire communier avec la grande pensée universelle.

S. R.

PREMIÈRE PARTIE

DES QUALITÉS REQUISES POUR ARRIVER AU SUCCÈS

> « Le bonheur de l'homme
> a nom : Je veux. »
>
> F. Nietzsche.

1

LA CONFIANCE EN SOI

La fortune ne vient pas à vous, il faut aller à elle. — Comment être bien armé. — La confiance en soi. — Ne soyez pas inférieur aux autres. — La manière d'être supérieur. — Pour vaincre la timidité. — Comment on acquiert de l'aplomb. — Apprenez à parler. — Méthode pour obtenir la facilité d'élocution nécessaire à l'homme supérieur.

Si le nombre des gens fortunés est relativement restreint, cela provient de ce que beaucoup de ceux qui pourraient acquérir la richesse négligent de se servir des moyens supérieurs qu'ils possèdent inconsciemment et laissent leurs qualités improductives. Le livre que je les prie de lire les initiera sur leur véritable valeur.

A part de rares exceptions, qui doivent être considérées comme des miracles sociaux, la fortune ne vient pas à vous, il faut aller à elle. C'est, permettez-moi la comparaison, un gibier rapide, qui vous entend et vous voit venir de loin, qui se perd dans les fourrés, qui glisse le long des sentes, qui passe près de vous pour disparaître aussitôt et qui ne se rend qu'après une chasse furieuse et une dépense considérable de ruse, de patience et de persévérance. Le premier chasseur venu ne peut donc venir à bout de la Fortune. Il faut, pour se mettre en campagne, être bien armé; bien vêtu, afin que l'orage n'ait aucune prise sur vous; il vous faut un jarret solide qu'aucune escalade ne fatigue, une humeur égale qu'aucune déception n'entame; il faut savoir faire le guet, voir bien, vite et juste, toutes conditions et qualités faciles à posséder si vous y mettez de la bonne volonté.

Dans les lignes qui vont suivre, j'essaierai, cher lecteur, de vous indiquer ce qu'il est nécessaire de faire pour être bien armé, — moralement s'entend, — pour forcer la bête, et la ramener, triomphant et joyeux, à votre foyer.

Si vous croyez à mes paroles, à mes idées, qui ne sont pas miennes exclusivement, mais qui sont l'écho, le résumé de paroles et d'idées recueillies chez tous les maîtres et dans d'innombrables œuvres, vous serez le chasseur heureux dont je parle plus haut, vous serez l'homme riche que vous rêviez d'être, et comme vous êtes généreux et de cœur élevé, vous pourrez, à votre gré, semer autour de vous de la joie et du bonheur. Vous aurez passé dans la vie en faisant le bien.

La confiance en soi est la première des qualités à acquérir. Croire en son étoile, regarder l'avenir avec sérénité, parce que l'avenir vous doit toutes les satisfactions que la vie réserve à ses élus, est une condition essentielle de réussite. Si vous vous comparez et jugez inférieur aux autres, vous êtes perdu, vous subirez l'influence des personnes qui auront intérêt à se servir de vous, vous leur obéirez, vous serez un instrument passif entre leurs mains et vous végéterez dans des emplois subalternes.

Au contraire, dites-vous tous les jours, à toute heure, en insistant mentalement sur vos affirmations : Je suis un homme, c'est-à-dire un être pensant, capable d'envisager et d'étudier tous les problèmes; je discerne le bien du mal, le vrai du faux ; je comprends la beauté ; mon intelligence est aussi large, aussi lucide, que celle des hommes qui m'entourent; ma raison vaut la leur ; j'ai suffisamment d'initiative et de perspicacité pour mener à bien mes affaires; donc je n'ai besoin d'aucun maître, et je puis lutter avantageusement contre ceux qui voudraient subordonner mes efforts et s'en servir à leur profit.

Répétez-vous cela souvent, ne vous lassez pas de le redire, persuadez-vous de votre valeur.

L'obstacle le plus sérieux de la confiance en soi est la timidité. C'est une infirmité morale qu'il faut guérir à tout prix, lorsqu'on a le malheur d'en être affligé. Elle paralyse les meilleurs mouvements, étouffe dans l'œuf les initiatives intéressantes, casse l'aile des plus beaux élans. Il convient de lutter de toutes ses forces contre un tel état d'esprit.

Recherchez, autant que possible, la société de ceux qui ignorent cette faiblesse. Ayez des amis sûrs d'eux-mêmes, imperturbables, que rien ne démonte, qu'aucune présence n'intimide. Peu à peu, à leur contact, par une sorte d'endosmose maintes fois constatée, que nous nommons aussi la contagion de l'exemple, leur caractère modifiera le vôtre, le transformera, en fera l'image du leur. Vous gagnerez de leur assurance, vous hériterez de leur sang-froid, vous constaterez la puérilité de la plupart de vos appréhensions, l'insignifiance de vos alarmes. Vous pourrez enfin attendre les gens de pied ferme, défendre votre place, exiger des égards, réclamer vos droits, être partout, ni plus ni moins que les autres, mais leur égal.

« L'enseignement de l'exemple est le seul qui entraîne, parce que l'exemple est la vie, au lieu d'être la leçon. » EUGÈNE MARBEAU.

Loi d'atavisme, impéritie d'éducation, quelle que soit la cause, nous possédons presque tous une déplorable propension à nous incliner devant les apparences, le signe extérieur. Nous sommes les idolâtres du simulacre. Nous allons même jusqu'à vénérer les choses inertes : le bois, la pierre, les tissus. Nous n'entrons pas de la même manière dans une auberge de village, dans le salon d'une mondaine ou le cabinet d'un médecin célèbre, lorsque les hôtes en sont absents. Les tentures, les cristaux, les œuvres d'art du salon, les meubles sévères du cabinet médical, exercent involontairement sur nous une certaine impression qui se répercute jusque dans notre tenue. Nous marchons avec précaution, à pas comptés, sur les tapis, alors que dans l'auberge nous faisons sonner haut nos talons et ne craignons pas de heurter violemment les humbles chaises de paille.

Sachez vous affranchir d'un aussi ridicule asservissement, dû à l'insuffisance de votre réflexion. Ne soyez pas fasciné par les perles de la courtisane, l'hôtel du faiseur, l'automobile de l'aventurier. Remettez les hommes à leur rang et les choses à leur place. Cette mise au point, en supprimant le motif de vos craintes, vous donnera de la hardiesse et de la résolution.

Timide ou non, n'acceptez pas les opinions toutes faites, les truismes plus ou moins fondés. Défiez-vous des mots, qui sont souvent de menteuses étiquettes, soulevez les phrases sonores pour voir si derrière elles ne se dissimulent pas de vulgaires appétits. « Ne crois pas légèrement, considère d'abord quel est le but de celui qui te parle. » SCRIBE.

Pensez par vous-même, méditez, observez. Le talent, la bonté, l'héroïsme, la probité seuls ont droit à votre respect, à votre admiration. Pour ce qui est du reste, accordez-lui ce qu'il mérite ; approbation, indifférence ou mépris, selon que vous l'aurez jugé impartialement, sérieusement, avec attention et clairvoyance.

Etudiez minutieusement ceux qui essayent de vous en imposer ; vous trouverez toujours un point faible, quelque défaut à la reluisante cuirasse avec laquelle ils espèrent vous éblouir. A mesure que diminuera votre confiance en eux, à mesure que vous apercevrez leurs faiblesses, leurs tares ou leurs ridicules, vous sentirez grandir en vous un sentiment de force et de supériorité, vous relèverez le front, votre regard sera plus assuré, votre voix mieux timbrée, votre attitude plus énergique. Intimidés, surpris, ils subiront à leur tour votre domination et se replieront prudemment devant votre assurance. Et, contrairement à leurs desseins, qui étaient de vous utiliser, il vous sera loisible de les asservir, de les diriger ; votre parole pèsera sur leurs actes.

Voici ce qu'écrivait Léon Daudet, dans un

1.

article paru dans *le Journal* en 1898 : « Ce qu'il ne faut cesser de se dire et de dire aux autres, car c'est, paraît-il, malaisé à comprendre, c'est qu'aucun homme n'est au-dessus d'un autre. Entre un président de Cour et un marchand de marrons, j'avoue ne pas trouver de différence. J'ai connu, dans une ville de province, un pauvre diable de perruquier qui avait une âme aussi belle que celle de Tolstoï et l'exprimait, cette âme, avec une simplicité magnifique. Je dis au préfet que ce perruquier était de beaucoup la personne la plus remarquable du département. Mais je vis à son air narquois que ce fonctionnaire ne me croyait point. »

Suivez le conseil de Léon Daudet, ne croyez pas qu'un homme est au-dessus de vous parce qu'il a galons ou hermine. Puisqu'un perruquier peut être le premier citoyen de la ville, il n'y a pas de motif pour que vous ne soyez vous-même l'égal du perruquier.

Une parole hésitante, une attitude embarrassée ne peuvent pas convaincre. Il faut de l'aplomb, de l'entregent, si vous aimez mieux, pour persuader, pour obtenir ce que l'on désire. « Un homme d'une vigueur intellectuelle plus qu'ordinaire peut n'être qu'un zéro dans la société, faute de savoir parler. » CHANNING, *Self culture*.

La facilité de la parole s'obtient par l'exercice et cet exercice ne peut être pratiqué que si vous possédez un nombre suffisant de mots, de locutions usuelles, de phrases bien construites. C'est à vous, si vous avez le temps, de relever dans vos lectures les mots et les phrases qui vous plaisent, et de les noter sur un carnet par ordre alphabétique ou par groupes d'idées, afin de les relire souvent, de les apprendre, de les prononcer à haute voix. La pensée assouplie, abondamment pourvue de termes et de synonymes, pourra s'exprimer sans hésitation et traduire les nuances les plus subtiles de l'esprit.

« Tous les orateurs parlent à l'aide d'un capital composé de mots, de formules, de locutions plus ou moins laborieusement acquis, le tout conservé dans des centres nerveux spéciaux. Emplissez donc vos oreilles de belles périodes sonores, enrichissez votre mémoire verbale d'expressions choisies, de formules concises et de mots surnuméraires dont vivront vos discours à venir. » J'emprunte cette citation à un livre que je vous recommande, si vous ne voulez pas prendre la peine de noter vous-même les phrases de vos lectures. Ce livre s'intitule : *Comment on apprend à parler en public et à traiter par écrit les questions du jour*, par Emile Amet. (H. Jouve, éditeur.) Il donne par ordre alphabétique 19 000 locutions et débute par une préparation automatique des écrits et des discours, par des conseils et des exemples sur l'art de parler, d'un très vif intérêt.

Lorsque votre mémoire possédera un vocabulaire suffisamment étendu, exercez-vous à parler. Prenez un livre, ouvrez-le, arrêtez-vous à une phrase intéressante, lisez-la posément, plusieurs fois, puis refermez le livre et causez sur cette phrase. Exprimez les idées qu'elle vous suggère. Conservez le ton ordinaire de la conversation, évitez l'emphase, la pédanterie, la déclamation. Soyez clair, concis, expressif et simple; n'usez ni de mots trop vulgaires, ni de mots trop recherchés. Employez les expressions élégantes de la bonne compagnie ou le langage précis des affaires, suivant le cas.

La parole donne à celui qui s'en est rendu

maître une confiance inébranlable. Si vous n'avez pas le don oratoire, vous pouvez néanmoins acquérir avec le temps une certaine virtuosité de langage, dont vous apprécierez fréquemment les précieux bénéfices.

« Il faut toujours avoir l'air de créer ce qu'on dit. Il faut commander ses paroles. L'idée qu'on parle à des inférieurs en puissance, en crédit, et surtout *en esprit*, donne de la liberté, de l'assurance, de la grâce même. J'ai vu une fois d'Alembert à une conversation chez lui, ou plutôt dans une espèce de taudis, car sa chambre ne méritait pas d'autre nom. Il était entouré de cordons bleus, de ministres, d'ambassadeurs, etc... Quel mépris il avait pour tout ce monde-là ! Je fus frappé du sentiment que la supériorité de l'esprit produit dans l'âme. » HÉRAULT DE SÉCHELLES.

Travaillez, apprenez. Le savoir grandit l'homme et réduit le destin. La route connue est moins dangereuse que le chemin inexploré. Marchez d'un pas ferme, en voyageur qui ne craint aucune embûche ; soyez sûr de vous. La foule, qui ne demande qu'à croire, partagera votre foi et vous prendra pour guide.

II

LE CALME

L'éducation émotionnelle. — Passions oppressives et passions exaltantes. — Réduction de l'impulsivité. — Concentration de l'énergie. — Ne soyez ni abattu ni coléreux. — La lutte contre l'adversité. — Pour donner une impression de force. — L'impassibilité, sa valeur. — La méditation. — Les bienfaits de la solitude et du silence.

La seconde qualité que doit posséder le candidat à la fortune, c'est le calme. Dans ses remarquables études sociales, le D' Toulouse a consacré plusieurs articles à *l'éducation émotionnelle*. Les lecteurs que le sujet intéresse feront bien de lire attentivement ces articles.

Quand nous subissons une émotion, joie, peur, amour, colère, ce phénomène de conscience : ce sentiment, se transforme toujours en phénomène physiologique : en mouvement. La joie, la peur, l'amour, la colère sont exprimés par l'individu en gestes inconscients, d'une façon très claire. Les gestes de la joie ne peuvent pas être confondus avec ceux de la peur et il en est ainsi de toutes les émotions humaines. L'homme fort doit maîtriser ces mouvements inconscients. « Pour pouvoir donner toute sa force, écrit le D' Toulouse, il faut être son maître et dépenser le moins possible d'énergie sous cette forme dégradée qu'est l'émotion. »

« La première condition de l'énergie étant la domination, il faut que tous les sentiments puissent être dominés; et comme tous les sentiments ont pour caractère commun l'émotion, c'est avant toute chose cette émotion qui doit être domptée. » D' F. FRÉDAULT, *Les Passions*. (Victor Palmé, éditeur.)

L'homme coléreux, violent, exubérant, est un être faible, à la merci des supériorités environnantes. Chez lui, les nerfs dominent ou même abolissent l'entendement. C'est un impulsif, prisonnier de ses passions, esclave de ses défauts, soumis aux causes extérieures les plus insignifiantes, disposé à obéir à toutes les suggestions, d'où qu'elles viennent, et voué d'avance à toutes les servitudes : aux servitudes morales comme aux servitudes sociales.

C'est cet homme-là qu'il faut combattre en soi et qu'il est possible de vaincre si l'on est énergique.

Deux sortes de passions possèdent l'homme et particularisent son caractère. Les unes sont appelées oppressives, les autres exaltantes.

« Les passions oppressives, la crainte, la terreur, la consternation, l'abattement, la contrariété, nous laissent sous le coup de l'action de l'objectif, tandis que les passions exaltantes nous mettent au-dessus de l'objectif par leur énergie. Aussi, comme on l'a dit justement, les premières nous laissent en proie aux actions morbides, tandis que les secondes nous en préservent et nous en délivrent. » D' F. FRÉDAULT.

Aux premières il faut opposer une résistance opiniâtre. Les secondes ne doivent jamais échapper au contrôle de la raison qui les canalise, les dirige et en fait de précieux adjuvants de la volonté.

Lorsqu'un événement, une rencontre, une parole font naître en vous un sentiment de crainte, de contrariété, de tristesse, refrénez immédiatement l'explosion de ce sentiment. Attachez-vous de toute la force de votre esprit à le considérer comme un incident sans importance, trop inférieur pour vous atteindre, trop passager pour entamer votre tranquillité. Tout à l'heure, direz-vous, il n'y paraîtra plus. Mes occupations, mes habitudes, vont reprendre leur cours normal, effacer le trouble momentané qui voudrait m'envahir et me faire commettre des actes irraisonnés. Je ne veux pas céder à l'injonction de mon être impulsif, je ne veux pas obéir à la tyrannie de mes passions. Deux heures de travail appliqué vont faire l'oubli sur cette futile aventure. Travaillons !

Ou bien, créez une diversion. Si vous sentez poindre en vous un accès de découragement par exemple, évoquez aussitôt le sentiment contraire : l'énergie. Pensez-y impérativement, excluez toute autre idée de votre cerveau, analysez ses différentes phases : comment elle naît, se développe, se transforme en force; quelle aide elle apporte à l'homme qui la possède; quel grand rôle elle lui permet de jouer dans le monde.

Noyé sous le flot des pensées nouvelles, votre découragement cédera vite la place, avant d'avoir pu altérer votre calme.

La joie, l'enthousiasme, l'amour : passions exaltantes, doivent être également jugulées. Il n'est certes pas interdit d'éprouver ces sentiments, indispensables stimulants, flamme qui allume les courages et pare de son manteau de pourpre et d'or les actes et les œuvres. Il convient, au contraire, d'entretenir en soi ces créateurs d'énergie. Mais ce qu'il faut empêcher, c'est la *manifestation extérieure* de ces sentiments, l'exagération des mouvements, des paroles, de l'attitude qu'ils commandent. Enthousiasmez-vous pour une idée, c'est nécessaire, mais gardez pour votre conscience l'afflux de ferveur et de force qui en résulte, ne le gaspillez pas au dehors en gestes désordonnés, ni ne lui laissez rompre les digues que la raison lui impose.

Soyez le maître et non l'esclave.

Puisque tout mouvement implique une déperdition d'énergie, il va de soi que toute économie de ce même mouvement produit une accumulation, une réserve, qu'il est bon de posséder, d'augmenter, et qui vous sera d'une grande utilité dans les occasions exceptionnelles de votre vie.

« L'énergie est donc la vraie force, elle est naturelle à l'être, ou s'acquiert par la concentration. L'activité qui se prépare à l'acte dispose ses puissances; si elle accomplit de suite l'action, elle y emploie ce qu'elle a de forces naturelles; mais si, continuant de se préparer à l'acte, elle semble toujours prête à partir et ne part pas, elle accumule ses forces par la tension qu'elle leur donne, et ressemble à un bouilleur de machine où la vapeur surchauffée et ne pouvant se dégager augmente d'élasticité par la tension. L'homme trop vif, trop pétulant, dépense ses forces au fur et à mesure qu'il les produit; il ne donne jamais qu'une faible énergie, bien qu'il puisse être violent. L'homme qui veut être fort se ménage, ne se dépense pas à la première occasion venue, mais se ramasse et se concentre, prêt à donner quand il le faudra une énergie d'autant plus grande qu'elle a été plus condensée. C'est ainsi que des hommes faibles en puissance sont cependant plus énergiques et plus puissants que d'autre naturellement plus forts. » Dr F. FRÉDAULT, *Les Passions.*

En outre, cette victoire de la volonté sur les

tendances passionnelles, sur les centres animiques et instinctifs de l'homme, épure son jugement, en le dégageant de l'influence égoïste des besoins et des sens, et lui permet de se déterminer en pleine connaissance de cause, avec raison et équité.

Donc, ami lecteur, peu de gestes, pas de nervosité, pas de mouvements inutiles. N'avancez pas les bras, ne secouez pas les mains, que vos traits restent immobiles. Ne clignez pas des paupières ni ne relevez les sourcils comme un clown étonné. Ne tapez pas du pied pour donner plus de force à vos affirmations ou pour manifester votre impatience.

Parlez modérément, sur un ton grave et tranquille. Ne vous irritez pas si l'on commet à votre égard des incorrections, si l'on vous manque de parole ou de bienveillance. Ne traduisez jamais votre mauvaise humeur en phrases violentes, ne proférez jamais de mots irréparables, vous regretteriez plus tard ce moment d'oubli. Aux vilenies de l'adversaire, répondez par la froideur hautaine, ou le mot juste prononcé sans courroux; sans que rien dans la voix ne trahisse votre émotion. Dites posément ce que vous voulez dire, sans vous abaisser jusqu'à la vulgarité des moyens employés contre vous. Celui qui vous outrage sera lui-même forcé de reconnaître votre maîtrise, et ses emportements, ses cris ne serviront qu'à masquer sa défaite.

« Ne vous chargez point d'une haine à soutenir ; c'est un fardeau plus pesant que vous ne pensez. » Mme DE SÉVIGNÉ.

Ne soyez jamais la proie de l'ennui ni de la lassitude, ces sentiments auraient une influence néfaste sur votre maintien. Il faut, au contraire, que vous donniez aux personnes qui vous approchent une impression de quiétude, de sérénité, qui leur en impose et leur fasse aisément croire à votre supériorité sur elles.

N'ayez jamais un mot de doute devant un étranger ; que toutes vos paroles soient des affirmations de succès et de réussite. Nul ne doit penser que vous pouvez avoir des défaillances ou connaître l'échec. Si vous montrez de l'incertitude dans vos décisions, si vous appréhendez trop ouvertement les difficultés, vous éveillerez la défiance, vous n'aurez aucune autorité.

Vous devez ignorer la peur, n'être, quoi qu'il arrive, ni poltron, ni affolé. La lâcheté est partout méprisée, alors que le courage et le sang-froid emportent l'admiration de tous ceux qui sont témoins de ces nobles qualités. Souvenez-vous de cette pensée de Locke : « Il est aussi difficile de fixer des idées nettes dans une âme agitée par la peur, que de bien écrire sur un papier qui tremble. »

La mort même doit être envisagée sans trouble, si vous voulez aller loin, si vous rêvez d'être un chef. « Celui qui craint la mort ne fera jamais acte d'homme vivant. » SÉNÈQUE.

Restez droit et souriant dans les courts assauts que l'adversité essaiera de livrer contre vous. Aux petites misères de la vie, opposez, ou du moins ayez l'air d'opposer l'indifférence la plus absolue. Vos plaintes peuvent exciter la pitié, mais la pitié ne marche pas souvent de pair avec l'acceptation de la suprématie. « La plus mauvaise roue du char est celle qui crie toujours. » Celui qui se lamente ne passera jamais, auprès de son confident apitoyé, pour un homme fort. Ce ne sera qu'un égal, sinon un inférieur. Ce confident n'aura qu'une piètre idée d'une énergie si facilement vaincue.

N'ouvrez votre cœur qu'à vos intimes. Envers les autres, soyez poli, sans être obséquieux; l'obséquiosité dénote un caractère mal trempé et le goût de la soumission. Qui se fait ver est écrasé, dit le proverbe. Que votre amabilité ne tombe jamais dans la familiarité et, si les circonstances l'exigent, devenez impénétrable. Selon la pittoresque expression de Voltaire : « Soyez indevinable, dépaysez les curieux. » Dans de nombreuses fonctions publiques, dans les hautes sphères où l'homme peut être appelé à évoluer, l'impassibilité naturelle ou étudiée donne à celui qui sait s'en servir un ascendant considérable.

Habituez-vous à considérer les événements les plus extraordinaires comme le jeu naturel des forces en action dans la vie et n'en marquez aucune surprise.

Réfléchissez bien et vous verrez que tout est extraordinaire dans le monde. Nous sommes entourés de mystères, le lot de nos certitudes n'est pas énorme. Pourquoi donc la rose possède-t-elle l'exquis parfum, la divine coloration qui en font la gloire de nos parterres? Pourquoi donc la libellule porte-t-elle sur ses ailes le reflet de toutes les gemmes ? Pourquoi les fleuves ne se tarissents-ils jamais ? Pourquoi l'éclat du diamant, la flamme du soleil, les battements du cœur, la pureté de voix de la cantatrice qui nous enchante? Pourquoi l'univers ? Pourquoi la vie ?

Une dérogation à l'ordre des choses est-elle plus incompréhensible que cet ordre lui-même ? Non, n'est-ce pas ? Tout étant extraordinaire, il convient de s'étonner de tout ou de ne s'étonner de rien. Comme l'étonnement ne peut pas être perpétuel, à moins, pour celui qui le manifeste, de passer pour un naïf ou un fou, adoptons la seconde manière, regardons avec calme le grand drame mystérieux qui se joue devant nous. Profitons des leçons que notre vigilance y découvre.

Qu'on me permette encore une recommandation sur le sujet qui nous occupe.

La fièvre des affaires, les obligations mondaines, la multiplicité des événements, le tumulte de la rue, entretiennent dans notre esprit une excitation défavorable, captent nos moyens, nous détournent du but. Nous prenons trop souvent l'agitation superficielle et stérile qui en résulte pour de l'activité. C'est une grave erreur. L'intérêt que nous mettons dans des choses qui ne nous touchent en rien est un intérêt mal placé. S'échauffer, s'énerver pour la défense ou pour l'attaque d'opinions étrangères à nos occupations, c'est perdre son temps et son énergie, c'est tarir la source de calme indispensable à notre succès.

Il est bon de rentrer en soi-même, de se ressaisir, de se ramasser pour l'effort à venir. « Ferme les yeux et tu verras », a dit Joubert. Suspendez le cours des paroles oiseuses, recueillez-vous dans la solitude. Quelques quarts d'heure de méditation, de temps à autre, apaiseront vos nerfs, vous montreront l'inanité de vos turbulences et de vos discussions.

M. Paul Adam, dont l'œuvre magistrale n'est qu'un long enseignement d'énergie, de raison et de beauté, que les jeunes gens devraient lire et relire sans cesse, conseille le silence en ces termes : « Il est un sport spirituel encore : celui du silence. Modérer notre bavardage nous accoutume à ne livrer à nos semblables que des paroles utiles et choisies. Ce nous empêche de nuire par la médisance. Et cela nous exerce très bien à constituer une vie intérieure qui a ses secrets et ne les livre pas. Le trésor des secrets, des opinions occultes, enrichit notre conscience et lui vaut de la personnalité. »

Rien ne vaut l'action pacifiante du silence pour remettre en place l'esprit désorbité et dissiper les illusions éphémères, les vains prestiges suscités par les indifférents qui passent ou par l'heure frivolement dépensée qui retourne au néant.

III

LA VOLONTÉ

La volonté, puissance merveilleuse. — L'homme qui réussit. — La véritable volonté. — Comment on acquiert de la volonté. — Rôle de l'autosuggestion. — Méthodes psychologiques. — De l'influence des passions dans le développement de la volonté. — Méthodes pratiques. — Exemples variés. — La pierre philosophale à portée de tous.

Vouloir, c'est pouvoir. Vouloir, dans le domaine des possibilités humaines, bien entendu; car vouloir la lune, ce n'est pas pouvoir l'obtenir. Mais vouloir la santé, vouloir la richesse, vouloir les honneurs; le vouloir avec persévérance, inlassablement, agir sans défaillance dans le sens de cette volonté, c'est pouvoir obtenir ces biens. « Le but à atteindre est un aimant pour la volonté. »

Quelle a été la vie du grand industriel que vous voyez passer dans la rue et dont vous enviez la fortune considérable, la haute situation, les honneurs qui sont venus à lui ? Sa vie n'a été tout simplement que la mise en œuvre d'une volonté patiente, uniforme, immuable. Cet effort de volonté, à le prendre séparément et par jour, n'a rien eu de surhumain; peut-être même n'a-t-il pas été aussi accentué qu'on se l'imagine. La force de son action ne provient que de sa régularité, que de la somme de volonté d'hier ajoutée à celle d'aujourd'hui, que de la stricte observance du plan arrêté par notre industriel et de la subordination de toutes les facultés de cet homme aux règles qu'il s'était imposées pour atteindre le succès. Rien n'a pu le détourner de son but, aucune critique n'a paralysé son geste. Écartant les obstacles, par l'habileté ou l'argent; brisant les résistances, le regard insensible aux attraits du chemin, sourd à toute sentimentalité, il a marché sans arrêt, d'un pas sûr et volontaire, à la victoire qu'il désirait, à la supériorité qu'il ambitionnait.

« La volonté humaine réalisée par l'action est semblable au boulet de canon qui ne recule jamais devant l'obstacle. Elle le traverse, ou elle y entre et s'y perd, lorsqu'elle est lancée avec violence; mais, si elle marche avec patience et persévérance, elle ne se perd jamais, elle est comme le flot qui revient toujours et finit par ronger le fer.

« L'homme peut être modifié par l'habitude, qui devient, suivant le proverbe, une seconde nature en lui. Au moyen d'une gymnastique persévérante et graduée, les forces et l'agilité du corps se développent ou se créent dans une proportion qui étonne. Il en est de même des puissances de l'âme. Voulez-vous régner sur vous-mêmes et sur les autres ? Apprenez à vouloir. » ELIPHAS LÉVI, *Dogme et Rituel de la Haute Magie*. (F. Alcan, éditeur.)

« Rien n'est impossible : il y a des voies qui conduisent à toutes choses. Si nous avions assez de volonté, nous aurions toujours assez de moyens. » LA ROCHEFOUCAULD.

« Notre volonté est une force qui commande à toutes les autres, lorsque nous la dirigeons avec intelligence. » BUFFON.

« Une volonté inflexible surmonte tout et l'emporte même sur le temps. » CHATEAUBRIAND.

« Vouloir, — assez fortement, assez longtemps, — tout est là... C'est la volonté persévérante, inflexible, qui réforme les abus, vainc les routines, impose les inventions nouvelles, et même fonde les religions. Si vous avez à répandre quelque idée utile, ne vous découragez jamais. Soyez l'homme de cette idée; propagez-la : assommez-en vos concitoyens. Peut-être mourrez-vous avant d'avoir assisté à son triomphe; mais vos efforts ne seront point perdus. Et plus tard, si la cause à laquelle vous vous serez dévoué est vraiment noble et belle, on vous élèvera une statue. » LE BONHOMME CHRYSALE, *Les Annales Politiques et Littéraires*. N° du 12 février 1905.

Tous les philosophes, tous les penseurs, tous les écrivains de tous les temps ont reconnu la force souveraine de la volonté. Il n'y a pas d'homme supérieur sans volonté. Rien ne vous arrivera d'heureux ici-bas, si vous ne pouvez mettre au service de vos efforts cette irrésistible puissance.

Mais bien peu de personnes savent au juste ce qu'est la volonté. Elle est souvent confondue avec l'entêtement ou la violence, deux défauts absolument incompatibles avec elle. Les individus violents ou entêtés sont incapables de se maîtriser, de se conformer à un plan, de raisonner leurs actes. Ils ne possèdent qu'une volonté fragmentée, sans direction, sans loi; qui disparaît aussi vite qu'elle est apparue, avec la soudaineté d'un éclair au milieu de la nuit; poussée stérile qui ne laisse après elle qu'atonie et découragement. La volonté n'est force que si elle est disciplinée, régulière, indifférente aux contingences; que si son émission reste toujours égale et son action ininterrompue.

Elle ne doit être ni le résultat de circonstances momentanées, ni motivée par des raisons passagères. Elle peut commencer par être très faible; mais pour être vraie, pour être efficace et se traduire en puissance, il est indispensable qu'elle s'accroisse sans arrêt, en utilisant toutes les occasions que la vie lui offre pour naître et se développer.

Le mage antique voulant transmettre la vérité aux descendants de sa caste, la dissimulait sous le voile souvent gracieux et léger, parfois terrible, de mythes que nous connaissons tous sans en approfondir le sens. Ariane qui permet à Thésée, vainqueur du Minotaure, de sortir du labyrinthe, en mettant dans la main du héros le fil qui l'aidera à recouvrer sa liberté, n'est-ce pas la raison conférant à l'homme, qui a triomphé de ses instincts, la volonté, capable de lui faire abandonner les routes obscures que l'aveugle fatalité confondait sous ses pas ? Ayons toujours en main ce fil, cette volonté salvatrice. Il faut qu'elle coopère à toutes nos actions, aux petites aussi bien qu'aux grandes ; qu'elle soit constamment perçue par nous dans l'imbroglio des événements, des devoirs, des travaux, des peines et des plaisirs qui remplissent nos jours, si nous voulons vaincre le Minotaure, la bête accroupie au fond de notre conscience, si nous voulons sortir du labyrinthe dont les ténébreux couloirs ont été bâtis par nos passions, nos négligences et notre paresse.

La volonté n'est pas un don naturel ; elle s'acquiert comme toute autre qualité, comme la politesse ou la propreté. Point n'est besoin pour cela d'entreprendre de grandes opérations. Prenez la ferme résolution d'avoir de la volonté. Utilisez l'autosuggestion capable de modifier le caractère et le tempérament. Choisissez un moment de la journée pour vous recueillir, loin du bruit de la rue et des conversations de votre entourage; pensez fortement à la volonté, cherchez à la comprendre, à la définir : la volonté est la faculté par laquelle on se détermine à faire ou à ne pas faire une chose. Dites : j'aurai de la volonté, la volonté brise tous les obstacles, j'aurai une volonté inflexible. Ne vous endormez jamais le soir avant d'avoir formulé cette pensée. Ne vous lassez pas de la méditer, répétez-la, saturez-en votre cerveau qui finira par suivre le penchant ardemment désiré et sécrétera de la volonté comme d'autres cerveaux sécrètent de la tristesse, de la méchanceté ou de la sottise.

On augmentera l'effet de la suggestion mentale en écrivant fréquemment sur une feuille de papier blanc, en grosses lettres bien lisibles, les mots :

J'ai de la volonté.

Je fais tout ce que ma volonté commande.

Je n'abandonne aucune de mes résolutions.

Je termine tout ce que j'ai commencé, pour obéir à ma volonté.

La volonté me donnera le succès.

Mettez ce papier en évidence sur votre table,

au chevet de votre lit, regardez-le longuement, afin que l'image des mots tracés se grave profondément dans votre mémoire visuelle. Vous constaterez sans trop attendre les bons résultats de ce curieux procédé, recommandé notamment par M. le D' Félix Regnault.

Les psychologues attribuent aux sentiments un rôle actif et prépondérant dans la manifestation et le développement rationnel de la volonté. Mus par les sentiments, nous obéissons à leur autorité. Ils possèdent la force qui nous entraîne dans telle ou telle direction. Ils nous imposent, suivant leur nature, des actes profitables ou contraires à notre bonheur et à nos intérêts. C'est à nous de savoir user du pouvoir qui est en eux.

Toutes vos résolutions, avant que d'être exécutées, doivent passer au crible de la réflexion méditative. C'est-à-dire qu'il est nécessaire de s'arrêter à ces résolutions, de les envisager avec attention, de voir le but qu'elles visent, le chemin qu'il faudra parcourir pour y atteindre. Elles sont la conséquence de sentiments particuliers. Vous les avez prises sous l'empire de l'ambition, de l'amitié, de l'orgueil, de la haine; pour plaire à telle personne, pour honorer telle autre, pour gagner de l'argent, pour dépasser un concurrent, vaincre une animosité, abattre un ennemi, découvrir une trahison. Eh bien ! excitez en vous le sentiment propulseur de votre résolution, après l'avoir soumise à la méditation recommandée plus haut; avivez la puissance de ce sentiment en y pensant souvent, sans jamais oublier que la parole, les cris, les gestes, diminuent son intensité, et associez-y alors la volonté. Celle-ci guidera le courant affectif qui vous entraîne, canalisera sa fougue, l'empêchera de se livrer à des écarts dangereux et le conduira sans faiblesse jusqu'au but ambitionné.

Par exemple, vous prenez la résolution de commencer un travail ardu, exigeant un long effort. Vous savez quelles sont les difficultés qu'il faut surmonter, les préventions à dissiper, car l'entreprise est nouvelle et dérangera des routines; mais vous prévoyez également tout le profit que vous vaudra la réussite : votre notoriété accrue, la possibilité d'augmenter le bien-être de vos proches, de leur procurer le plaisir d'un beau voyage, un séjour à la mer. Evoquez ces joies, imaginez les paroles qui seront dites, créez de toutes pièces les événements futurs. En même temps pensez qu'il est beau, qu'il est bon d'agir pour le bien de ceux qu'on aime; pensez que le courage, la persévérance sont de grandes vertus humaines. Développez le plus possible l'énergie de ces sentiments et dites que votre volonté est la force sur laquelle vous devez compter pour réaliser ces heureux projets. Votre volonté croîtra proportionnellement à la véhémence de vos désirs de bien et d'affection. Ce sera pour elle un efficace entraînement, elle sera tous les jours plus forte, plus obstinée, plus irrésistible. Elle stimulera votre activité, rendra votre travail attrayant et vous permettra d'accomplir votre tâche promptement, au gré de vos désirs.

Voici un autre cas. Quoique intelligent, par suite de circonstances malheureuses, à cause de votre isolement, parce que vous ne connaissez personne qui puisse vous recommander avantageusement, vous végétez dans une situation infime. Vous êtes astreint à un travail mal rétribué, qui ne concorde pas avec vos facultés, avec votre savoir. Vous avez à subir tous les jours l'autorité ou la morgue de gens qui vous sont manifestement inférieurs. Vous éprouvez, tout d'abord, un profond sentiment d'humiliation, des velléités de révolte. Mais hélas ! comme il faut manger, vous vous résignez cependant, vous finissez par accepter l'humiliation, par éteindre le feu de révolte qui faisait bondir votre cœur. Peu à peu la résistance s'amoindrit, le caractère s'émousse, la volonté s'efface. Vous n'êtes plus, au bout de quelques années, qu'un être passif, un humble mais productif outil, dans les mains de celui qui vous paye, un employé modèle, dont il est permis d'abuser avec condescendance, eu égard à son admirable résignation.

N'acceptez pas cette déchéance, ne baissez pas votre front sous le joug de la nécessité. Vous possédez, à l'état latent, des moyens supérieurs de lutte et de rénovation. Pourquoi ne vous en serviriez-vous pas ?

Ce sentiment d'humiliation que vous éprouviez au début, entretenez-le, affermissez-le tous les jours en vous, ne le laissez pas mourir. Eh quoi ! direz-vous, je souffre dans ma dignité méconnue, je suis obligé d'accepter respectueusement des reproches injustifiés, d'incliner mes idées devant la nullité triomphante et ce, pour un labeur ingrat qui ne me vaut que honte et médiocrité. C'en est trop, assez d'atermoiements, je veux sortir de cette odieuse position, je veux gagner ma vie, je veux être un homme et tenir dans la société la place à laquelle j'ai droit. La colère généreuse a fait jaillir la volonté; la voici armée, courageuse, prête à la bataille. Vous n'avez plus, pour lui garder sa puissance, son dynamisme libérateur, qu'à conserver à votre sentiment d'humiliation d'abord, à ceux qui viendront le remplacer ensuite, quand les premiers succès vous auront rendu l'espoir, à lui conserver, dis-je, la même ardeur, le même élan. Vous chercherez l'issue qui vous permettra d'améliorer votre sort.

Cette aspiration vers le mieux développera vos bonnes dispositions, ranimera les dons d'initiative et de réalisation endormis en vous. Vous guetterez les occasions favorables, vous tâterez le terrain, vous scruterez les possibilités environnantes, vous tirerez parti d'incidents qui vous auraient autrefois paru inexploitables. Vous découvrirez enfin la voie s'adaptant le mieux à vos aptitudes, vous pourrez donner la mesure de vos capacités. Votre volonté, animée par une juste passion, dirigée par l'esprit et la raison, vous aura sauvé de la servitude.

D'autre part, les actes en apparence les plus insignifiants peuvent servir à l'éducation de la volonté. Toutefois, lorsque vous avez pris une décision, lorsque vous avez résolu de faire une chose, il est indispensable de l'accomplir jusqu'au bout. Si vous vous arrêtez en route, si vous en remettez l'exécution à plus tard, l'effet sera déplorable et votre volonté sortira de l'épreuve considérablement amoindrie.

Vous êtes occupé à l'établissement d'un compte fastidieux, qui exige une minutieuse application et l'examen d'incalculables paperasses. Ce compte n'est pas urgent et vous avez tout le mois pour le terminer. N'importe, gardez-vous bien de l'abandonner, ne profitez pas du premier prétexte venu pour le laisser inachevé sur votre bureau. Domptez votre ennui, résistez à l'envie qui vous tient de remettre au lendemain cette besogne énervante. Faites appel à la volonté et allez jusqu'au bout, en y apportant tout le soin exigé. L'effort que vous aurez fait pour vaincre ne sera pas perdu.

Essayez davantage. Recherchez les motifs de réduire votre passivité naturelle, de secouer la tendance à l'inertie que nous possédons tous, à un degré plus ou moins grand. Vous devez une visite à un indifférent, dont vous redoutez l'accueil dédaigneux et les propos aigres-doux. Vous pourriez au besoin vous dispenser de cette corvée, le risque de mécontenter cette personne ne devant entraîner aucune catastrophe. Cependant n'hésitez pas, faites votre toilette et courez-y sans délai.

Ou bien encore, vous croyez qu'un client dont vous connaissez le caractère grincheux est susceptible de traiter avec vous pour un lot de marchandises que vous venez de recevoir. Mais pour ne pas avoir à subir ses récriminations, vous préférez lui faire votre offre par lettre. N'obéissez pas à cette défaillance de votre volonté, n'écrivez pas, prenez votre chapeau et rendez-vous incontinent chez l'homme terrible que vous devez convaincre de vive voix.

Si vous avez à acheter un objet dans un magasin éloigné de votre demeure, quittez, malgré le froid qui dessine des fleurs de givre aux vitres de votre croisée, le moelleux fauteuil où, devant la flamme réjouissante de votre foyer, vous savourez le charme d'un aimable *farniente*. Allez faire votre emplette. Vous aurez vaincu l'instinct, vous aurez acquis de la volonté.

Soumettez votre conduite à des obligations définies, faciles à mettre en pratique.

Dites-vous : tous les matins je me lèverai à 6 heures précises, et levez-vous à l'heure indiquée, jamais une minute avant, jamais une minute après.

Prenez un livre, et décidez que tous les jours, un quart d'heure avant votre déjeuner, vous apprendrez par cœur, deux phrases de ce livre. Suivez ponctuellement votre décision.

Dites-vous encore : par tous les temps, qu'il pleuve ou gèle, je sortirai tous les soirs à 8 heures, je resterai une heure dehors, je passerai par tel chemin, je m'arrêterai à tel carrefour, j'y ramasserai un caillou, je rentrerai par tel autre chemin, et faites cela à la lettre, sans impatience et avec bonne humeur.

Cette recommandation de ramasser un caillou peut paraître puérile et même absurde. Ce n'est pourtant pas une fantaisie de l'imagination, un caprice d'auteur. Les détails donnés ici ont tous leur raison d'être. Papus, *alias* Gérard Encause, le célèbre occultiste, conseille cet humble geste et dit ce qui suit : « Cet objet, symbole de l'effort volontaire que vous avez accompli, est un talisman personnel plus efficace que toutes les amulettes... »

Ce n'est plus la pierre quelconque que l'on pousse du pied sur la route, c'est le témoignage toujours présent de votre énergie, le souvenir tangible d'un acte que vous considérez comme important, qui vous rappelle votre devoir; c'est de la volonté matérialisée qui vous incite à persévérer dans votre détermination première.

Humble caillou, misérable agrégat sans reflet, vers lequel s'est penchée intentionnellement l'âme d'un homme en désir de perfection, tu es plus beau, tu vaux davantage que le joyau des rois ! Tu es sans prix parce que tu exprimes le plus noble des efforts : celui de se vaincre soi-même ; parce que la pensée pour que tu sois saisi a dit au corps : tu m'obéiras;

parce que l'apathie native, instigatrice de toutes les compromissions et de toutes les faiblesses de la chair, s'est vue refoulée par le salutaire et vivifiant triomphe de l'activité ordonnée, itérative, soumise au vouloir réfléchi d'un esprit conscient. Cet esprit conscient, que ne fera-t-il pas, grâce à toi ? O vraie pierre philosophale, ô merveille !

Les exercices décrits ci-dessus et tous ceux que vous pourrez imaginer d'analogues, auront sur vous une influence considérable. Vous ignorerez désormais l'irrésolution, vos décisions seront promptes, vous les suivrez jusqu'à leur complète réalisation. Vous ne serez plus ni paresseux, ni fatigué et, quand il s'agira d'accomplir des choses importantes, des actes dont dépendra tout votre avenir, vous trouverez pour vous aider, pour vous fortifier et vous mener droit au succès, une magnifique volonté, disciplinée, vigilante, effective, qu'aucun assaut ne pourra démonter et devant laquelle plieront les volontés adverses, inexpérimentées, fragiles, disposées d'avance à accepter votre domination, à servir vos projets, à travailler à votre fortune.

3.

IV

LE CHOIX D'UNE PROFESSION

La vocation. — La manière de la percevoir et de lui obéir. — L'étude des difficultés. — Il n'y a pas de petites choses. — Dédaignez le hasard et la chance. — Soyez audacieux. — Les deux audaces : l'utile et la dangereuse. — Sachez saisir l'occasion.

Il est évident que pour bien faire une chose, il faut la bien connaître. Se lancer tête baissée dans l'inconnu, c'est s'exposer à de graves mécomptes, à des pertes parfois irréparables de temps et d'argent. Avant de commencer quoi que ce soit, de fonder une industrie ou un commerce, d'apprendre un métier, de vous adonner à un art, regardez en vous-même, faites un sérieux examen de conscience, cherchez votre vocation, voyez quelles sont vos aptitudes, vos goûts, vos dispositions. Vos forces sont-elles suffisantes pour faire le rude métier qui vous plairait ? Avez-vous le don du commandement nécessaire à l'industriel aux prises avec de nombreux ouvriers ? Avez-vous l'affabilité et la souplesse de caractère indispensables au commerçant ? Etes-vous un imaginatif, avez-vous l'enthousiasme, la sensibilité et la culture qui font les bons artistes ? Tâtez-vous, étudiez minutieusement vos penchants, vos aspirations, ne vous pressez jamais, pesez longuement et très sérieusement vos décisions.

Les choses, comme les hommes, nous sont plus ou moins sympathiques nous éprouvons pour elles, soit de l'attraction, soit de la répulsion ; nous nous y arrêtons complaisamment ou nous les dédaignons. Ce serait un grand tort de votre part que de vous contraindre à l'exercice d'une profession qui vous serait antipathique ou indifférente. Il n'est pas besoin d'insister sur les défectuosités d'exécution qui en résulteraient, sur les négligences qui vous seraient imputables, sur la disparition progressive de votre entrain et de votre initiative. Travailler à une chose qui plaît procure au contraire une recrudescence d'énergie, le labeur devient un plaisir, la fatigue, joyeusement acceptée, semble moins lourde. Vous vivez satisfait de vous et des autres. Tout doit être mis en œuvre pour obtenir ce résultat. Si vous n'exercez pas la profession à laquelle vous destinent vos aptitudes, vous ne réussirez jamais.

Il arrive parfois que vous résidez dans un milieu défavorable ou même hostile à la vocation qui s'impose à votre esprit. Par exemple dans une bourgade perdue au milieu des terres, alors que votre ambition serait d'être marin, d'affronter le péril des mers, d'imiter les grands voyageurs qui portent la civilisation aux confins du monde. Ou bien votre entourage, vos amis, s'opposent à vos projets, essayent de vous dissuader d'obéir à l'impérieuse idée qui vous hante. Si pourtant vous vous sentez véritablement prédestiné, si vos pensées convergent toutes vers un invariable désir, si vous avez le feu sacré, ayez, quoi qu'il en coûte, la force de rompre les liens qui vous retiennent, d'échapper à l'influence néfaste de votre milieu. Ici vous ne feriez rien, parce qu'il vous est matériellement impossible de donner votre mesure; là-bas, vous réussirez parce que vos facultés s'y déploieront à l'aise, parce que vous vous trouverez dans votre élément, en contact avec des confrères avec lesquels vous pourrez rivaliser de savoir et d'habileté, parce que vous agirez selon vos goûts.

J'en connais qui, pour des raisons de famille et de sentiment, pour ne pas s'éloigner d'un être cher, se sont montrés trop faibles, ont renoncé à leur rêve, à la tâche qui les sollicitait. Leur existence aujourd'hui se traîne péniblement dans la gêne et la médiocrité. Ils sont asservis à des besognes indignes d'eux. La flamme généreuse d'autrefois, qui réchauffait leur enthousiasme, s'est éteinte. Ils auront souffert toute leur vie de leur impuissance, ils mourront malheureux, victimes des funestes scrupules qu'ils eurent le tort d'écouter à l'heure des décisions capitales.

Il existe entre plusieurs idées ou actions des points de contact, des corrélations qui peuvent, dans une certaine mesure, vous éclairer sur votre vocation. C'est à vous de les observer avec soin.

En feuilletant les livres, vous vous arrêtez plus particulièrement à la forme ou à la disposition des caractères d'imprimerie, vous remarquez le grain du papier, la division des chapitres, la finesse des vignettes ou des gravures, la fantaisie des en-têtes. Peut-être sont-ce là des indices de votre goût pour la typographie ? Renseignez-vous auprès des personnes compétentes, approfondissez votre penchant et jugez s'il est suffisamment sérieux avant de vous décider à embrasser ce métier.

Dans la rue, vous passez devant certains magasins sans y jeter le moindre coup d'œil, alors que d'autres vous attirent invinciblement. Vous stationnez à leurs vitrines, vous détaillez les objets qui y sont exposés, bien qu'ils ne soient pour vous d'aucune utilité précise. Cherchez les motifs de votre intérêt et tirez-en la conclusion nécessaire.

Quels sont ceux de vos amis avec lesquels vous aimez à vous trouver de préférence ? Que font-ils ? Que disent-ils ? Celui-ci est chez un agent de change et vous discutez fréquemment avec lui sur les fluctuations des valeurs, sur les combinaisons secrètes de la spéculation. Celui-là est employé chez un gros commerçant en grains, il vous renseigne sur les cours, sur la mévente de telle marchandise et vous dit pourquoi la prochaine récolte d'avoine est dès maintenant compromise. Cet autre est commis d'architecte et vous emmène voir la maison dont il surveille les travaux. Il vous donne une foule de détails techniques, avec exemples à l'appui, sans que vous en soyez importuné. Quel est celui de ces trois amis qui vous intéresse le plus, celui que vous questionnez avec la curiosité la plus vive et qui doit vous fournir de nombreux éclaircissements sur la profession qu'il exerce ? C'est à celui-là sans doute que vous direz un jour : parle de moi à ton patron, fais-moi entrer à ton bureau.

Quand vous étiez au collège, vous manifestiez un goût prononcé pour la chimie. Cette science avait pour votre esprit un attrait tout spécial. Vous aimiez à connaître la composition des corps, vous saviez par cœur les lois qui régissent leurs combinaisons, votre professeur ne vous adressait que des éloges et tous les ans vous remportiez le premier prix. Vos études terminées, ne négligez pas cette prédisposition, et si vous le pouvez, devenez pharmacien. Vous avez des chances pour bien remplir cette profession.

Recherchez ainsi tout ce qui peut vous mettre sur la voie. Bien entendu, ces inclinations, ces préférences, ne sont que les premiers jalons du chemin à découvrir. Avant de vous y engager définitivement, conformez-vous à ce que je conseille un peu plus loin. Il convient de se garder des emballements prématurés. Ecoutez une grande parole : « Défiez-vous surtout d'une chose : la précipitation dans le désir de conclure. Soyez à vous-mêmes un adversaire vigilant et tenace. Songez toujours à vous prendre en faute... » *Lettre de Pasteur au D' Paul Gibier.*

Ne craignez pas d'éprouver pendant des mois la sincérité de votre jeune vocation, en mettant en évidence les longueurs, les tristesses, les corvées auxquelles son choix vous expose. Elle doit, pour être vraie, pour être écoutée et suivie, n'avoir peur d'aucun obstacle après les avoir tous envisagés.

Votre profession mûrement choisie, vous aurez encore à faire appel à vos capacités d'observation, à votre esprit d'analyse, car il vous restera à examiner, à vivisecter, oserai-je dire, avec prudence et perspicacité les avantages et les difficultés du travail à entreprendre. Voyez un par un tous les détails : les besoins ou l'intérêt du public, la concurrence éventuelle, les facilités d'approvisionnement et de vente, le recrutement du personnel, les frais généraux, les pertes ou déchets possibles, les bénéfices probables, la situation présente, l'extension future, en un mot tout ce qui constitue la valeur générale de l'affaire. Ne comptez pas sur le hasard ou la chance : collaborateurs occasionnels et fugaces, qui vous trahiront neuf fois sur dix. Ne vous fiez pas aux apparences, « il faut ôter le masque des choses aussi bien que des personnes », a dit Montesquieu. Allez plus loin que la surface, fouillez, creusez, découvrez; rien n'est insignifiant ni négligeable, les plus petites causes engendrent les plus grands effets.

Il ne peut pas être ridicule de s'attacher ainsi aux moindres parties d'une affaire. Ceux qui vous disent que c'est se ravaler et descendre sont des critiques superficiels. Nous avons, pour nous consoler de ces avis médiocres, l'opinion et l'exemple de nombreux hommes illustres. Cicéron nous explique ce qu'est la prévoyance : « La prévoyance consiste à savoir envisager *tous les événements* possibles avant qu'ils ne s'accomplissent et à parer d'avance à leurs conséquences. » Tacite écrit : « On juge qu'un homme est capable de grandes choses par l'attention qu'il apporte aux plus petites. »

Que valent, après cela, je vous le demande, les sarcasmes ou les plaisanteries des gens à courte vue qui s'amusent de votre application ?

Appuyez-vous sur la réalité, sur les choses tangibles et numérables. Evitez à tout prix les vagues supputations, les évaluations approximatives, basées sur d'aléatoires et trompeuses espérances; vous en constateriez vite l'inanité. De déceptions en déceptions vous finiriez par douter de vous-même et par vous abandonner au découragement, prélude de la déchéance et de la misère.

Mais comprenez-moi bien, la prudence que je vous recommande ne doit jamais aller jusqu'à la pusillanimité; circonspection n'est pas crainte. Au contraire, une fois bien et sérieusement documenté sur l'affaire qui vous occupe, après avoir pesé le pour et le contre et déduit les profits devant en résulter, si vous croyez au succès final, n'hésitez plus, jetez-vous hardiment dans la bataille. Ayez de l'initiative, soyez créateur, innovez, soyez supérieur à vos confrères, laissez-les végéter dans les ornières de la routine, dépassez-les. « Les indécis perdent la moitié de leur vie, les énergiques la doublent. » PH. GERFAUT.

Votre réussite étonnera peut-être tout d'abord les timorés, les endormis, les fossiles; laissez-les venir à résipiscence; vous vous concilierez l'attention de ceux qui marchent avec le progrès et ne tarderez pas à obtenir leur préférence.

Soyez audacieux, la fortune favorise les audacieux : les audacieux de tête saine et de moyens suffisants, bien entendu, non pas les fous qui prennent pour de l'audace le besoin morbide de se ruer sur les rocs et de franchir les précipices.

L'audace irréfléchie, qui n'est que de la vanité déguisée, qui mendie l'applaudissement des badauds, qui n'a ni cause définie, ni but accessible, qui fait du difficile pour du difficile, comme on dit d'un artiste qu'il fait de l'art pour l'art, confine à la stupidité et ne recueille que la réprobation des gens sensés. C'est aux audacieux de cette espèce, s'il était possible de les ramener dans le sentier de la raison, qu'il faudrait adresser la recommandation de Lamennais : « Ne vous abusez ni sur le temps ni sur les choses. Gardez-vous de rêver l'impossible, ce qui ne peut être, ce qui ne sera jamais. Loin de remédier aux maux qui surabondent en ce monde, vous ne feriez que les rendre et plus nombreux et plus pesants. » *Le Livre du Peuple.*

Mais l'audace éclairée, celle qui ne s'élance qu'après s'être assurée de la solidité du sol, celle qui s'est approvisionnée d'assez de patience, d'assez d'énergie et, si besoin est, d'assez d'argent, pour déjouer la malignité du sort; celle qui voit la route, qui connaît son but, qui se rue dans la mêlée avec clairvoyance, pour le bonheur des siens ou pour celui de tous ; celle-là mérite les encouragements, l'appui, l'admiration des témoins qui la comprennent. Et ce n'est qu'aux hommes capables d'une telle audace que le poète annonce les faveurs de la fortune.

Ne vous dites jamais : « J'aurais dû faire cela », ou « Quelle belle occasion je viens de manquer ! » A la piste des occasions profitables, les suscitant même s'il est possible, voyant immédiatement, dans un éclair de génie, qui pourrait s'appeler la lumière de votre expérience accumulée, la sublimation de vos observations antérieures; voyant, dis-je, comment elles s'offrent à votre emprise, vous devez foncer sur elles avec énergie, les empoigner de vos mains robustes et leur faire rendre tout ce qu'elles sont capables de donner. Bien que vieilli, il reste encore assez de sève au monde pour enfanter les fées de la Bonne occasion, les seules qui comptent maintenant et qui peuvent, comme autrefois celles de Perrault, changer les crapauds en lingots d'or et les cailloux en escarboucles.

V

PERSÉVÉRANCE DANS L'EFFORT

Ne faites qu'une chose à la fois. — Le type éparpillé décrit par M. J. Payot. — Le temps, c'est de l'argent ; ménagez ce précieux capital. — Notre propre inspiration vaut souvent mieux que le conseil des autres. — L'action efficace. — Procédez par courtes étapes. — Bien faire un travail, c'est y mettre de l'ordre et de la méthode.

M. Jules Claretie a dit quelque part : « Notre siècle n'est pas celui des affaiblis, des anémiés ; c'est le siècle des émiettés. » Et ceci est vrai ; le grand défaut de l'homme moderne, c'est d'entreprendre cinq, six, dix choses à la fois ; de vouloir mener de front la finance, les sports, la politique et les arts ; de tenter toutes les expériences, d'entamer toutes les études et d'essayer d'embrasser le monde dans ses faibles bras.

L'élève qui veut arriver abandonnera cette

défectueuse méthode. Il ne doit chercher qu'un but, ne franchir qu'une étape à la fois et ne jamais dévier du chemin qui mène à ce but. Libre à lui, le but étant atteint, d'assigner un nouvel objectif à son infatigable activité et d'en poursuivre la réalisation. Le champ ouvert à l'ambition de l'homme est illimité, mais celui-ci ne pourra en tirer profit que s'il s'astreint à ne tracer un nouveau sillon qu'après avoir terminé le précédent.

Dans son très beau livre : l'*Education de la Volonté* (Alcan, éditeur), M. Jules Payot s'élève avec force contre cette tendance de l'étudiant moderne à poursuivre plusieurs travaux à la fois : « C'est si bien dans l'effort modéré mais continu que réside l'énergie réelle et féconde que tout travail, s'il s'écarte de ce type, peut être considéré comme un *travail paresseux*. Travail continu implique, cela va sans dire, continuité de direction. Car l'énergie de la volonté se traduit moins par les efforts multiples que par l'orientation vers une même fin de toutes les puissances de l'esprit. Voici en effet un type de paresseux très fréquent. Le jeune homme est vif, gai, énergique. Il reste rarement à rien faire. Dans sa journée, il a lu quelque traité de géologie, un article de Brunetière sur Racine, parcouru quelques journaux, relu quelques notes, ébauché un plan de dissertation, traduit quelques pages d'anglais. Pas un seul instant il n'est resté inactif. Ses camarades admirent sa puissance de travail et la variété de ses occupations. Nous, cependant, nous devons flétrir ce jeune homme du nom de paresseux. Pour le psychologue il n'y a dans cette multiplicité de travaux que l'indice d'une attention *spontanée* d'une certaine richesse, mais qui n'est pas encore devenue attention *volontaire*. Cette prétendue puissance de travail varié ne témoigne que d'une grande faiblesse de volonté. Cet étudiant nous fournit un type de paresseux très fréquent, et que nous appellerons *le type éparpillé*. Cette « promenade de l'esprit » est agréable, à coup sûr — mais ce n'est qu'une promenade d'agrément. Nicole appelle des « esprits de mouche » ces travailleurs qui vont se posant çà et là, sans profit. Ils sont, pour rappeler la jolie image de Fénélon, « comme une bougie allumée dans un lieu exposé au vent. »

Ne soyez donc pas de ces « esprits de mouche » dont parle Nicole, ne faites jamais partie du *type éparpillé* si bien qualifié par M. Payot. Choisissez le seul labeur que vous croyez avantageux pour vous, qui convient le mieux à vos facultés, que vous vous sentez capable de mener à bien.

Le choix dûment et sérieusement fait, attachez-vous-y opiniâtrément, restez indifférent aux sollicitations extérieures, aux distractions puériles que la vie sèmera sur votre route. Ceci ne veut pas dire que vous devez être morose, hargneux et ennemi du rire sain ; car, comme l'écrit Henry Maret : « On a fini par comprendre que tout travail doit s'accomplir sans ennui. Il faut aimer son labeur, et, pour l'aimer, il sied d'en bannir la tristesse. » Non, l'écueil dangereux, c'est l'attention donnée aux futilités, le temps prodigué en bavarderies inutiles, les stations prolongées dans les cafés; ce sont ces milliers de minutes perdues qui accaparent l'esprit, encombrent la voie et dissimulent le but, derrière l'enchevêtrement de leurs broussailles. Soyez gai, prenez votre part de joie, recherchez les plaisirs élevés, les conversations spirituelles, mais sans vous attarder outre mesure dans ces charmants entr'actes de votre vie active.

Fermez l'oreille aux avis de ceux qui chercheraient à vous détourner de votre tâche; le plus souvent, vos conseilleurs ignorent et vos goûts et votre ambition. Aucun de nous n'envisage les choses sous le même angle, parce que nous avons tous des tempéraments et des goûts différents. Pierre s'y prendrait comme ceci et Paul comme cela, suivant leurs tendances, leur éducation, leurs habitudes, leurs qualités respectives. Leur nature, inconsciemment, les pousse dans des voies opposées. Chacun d'eux présume que l'effort sera moindre de ce côté-ci plutôt que de cet autre, parce qu'ils subordonnent tous les deux leurs décisions à la valeur de leurs aptitudes personnelles. Comment voulez-vous qu'un étranger, un parent même, qui voit selon ses idées, qui calcule d'après ses inclinations, sache mieux que vous ce que vous devez faire, ce que vous pouvez faire ? Il ne peut connaître que superficiellement vos capacités, il ignore la somme d'énergie que vous êtes susceptible de fournir dans les diverses péripéties de la lutte que vous allez entreprendre ; il est inapte à juger impartialement de votre pouvoir de résistance. Le mieux est donc de ne se fier qu'à soi, de n'écouter que ses propres inspirations. C'est, sinon la plus agréable, du moins la plus sûre manière de devenir un homme de bonne heure. Ne marchandez pas trop le prix de l'expérience, vous ne regretterez jamais dans la suite les peines qu'elle vous aura coûtées.

Assignez à votre action une tâche nettement délimitée, entrevoyez clairement la topographie, pour ainsi dire, de l'œuvre qui vous sollicite; proportionnez la durée des étapes à l'importance de vos ressources morales et matérielles; sachez bien à l'avance où vous allez. Que toute votre énergie, que tous vos efforts intelligemment coordonnés, pèsent sur le même point, uniformément, sans interruption, jusqu'à ce que ce point vous soit acquis. Puis avancez toujours un peu plus, avec régularité et méthode, d'un point à un autre et de cet autre au suivant. Evitez la hâte, résistez aux défaillances, luttez, vous serez étonné vous-même du résultat que vous obtiendrez. Une maxime persane dit fort ingénieusement : « La patience est un arbre dont la racine est amère et dont les fruits sont très doux. » Ayez le courage d'attendre la maturité de ces fruits, vous serez heureux, un jour, de les cueillir.

Ici encore, je ne puis résister à l'envie de mettre sous les yeux du lecteur une nouvelle page de *L'Education de la Volonté*. L'œuvre de M. Payot devrait être le livre de chevet de tous ceux qui pensent, de tous ceux qui veulent agir avec méthode, raison et dignité. Ecoutons ce véritable éducateur : « Rares sont dans la vie les occasions d'accomplir des actions d'éclat. De même qu'une excursion au Mont-Blanc se résout en quelques myriades de pas, d'efforts, de sauts, d'entailles dans la glace; de même la vie des plus grands savants se résout en longues séries d'efforts patients. Agir, c'est donc accomplir mille menues actions. Bossuet, qui fut un admirable directeur de conscience, « aux grands efforts extraordinaires où l'on s'élève par de grands élans, mais d'où l'on retombe d'une chute profonde », préférait « les petits sacrifices qui sont quelquefois les plus crucifiants et les plus anéantissants », les gains modestes, mais sûrs, les actes faciles, mais répétés, et qui tournent en habitudes insensibles... Peu suffit à chaque jour si chaque jour acquiert ce peu... En effet, l'homme courageux n'est point celui qui accomplit quelque grand acte de courage, mais bien celui qui accomplit courageusement tous les actes de la vie. C'est l'élève qui, malgré sa répugnance, s'oblige à se lever afin d'aller chercher un mot dans le dictionnaire, qui achève sa tâche malgré le désir de paresser, qui termine la lecture d'une page ennuyeuse. C'est en ces mille actions insignifiantes en apparence que se trempe le vouloir, « toutes œuvres donnent accroissement ». Nous devons, à défaut de grands efforts, en accomplir à toute heure de petits, excellemment et avec amour. *Qui spernit modica paulatim decidet.* La grande règle ici, c'est d'échapper toujours, jusque dans les plus petites actions, à la vassalité de la paresse, des désirs et des impulsions du dehors.

En mettant de l'ordre dans la division et l'exécution de votre travail, vous doublerez le temps, vous abattrez deux fois plus d'ouvrage que les autres, vous vivrez de la « vie intense » préconisée par le président Roosevelt. Vos amis, vos voisins, se demanderont comment il vous est possible de venir à bout de votre vaste labeur, sans fatigue apparente, sans traces de préoccupations, sans vous départir de votre sérénité, de votre gaîté coutumières. Vous serez pour eux un sujet d'étonnement et d'admiration. Ils subiront votre prestige et croiront à vos conseils; ils reconnaîtront d'eux-mêmes vos dons exceptionnels d'organisateur et s'inclineront devant votre suprématie.

La conquête est sans doute difficile, le travail aride; mais l'homme qui veut arriver doit faire momentanément le sacrifice de ses aises. Une fois parvenu au sommet auquel il aspire, il se reposera, ses peines lui seront payées au centuple, et c'est devant un vaste horizon, au milieu d'une nature complaisante et propice, qu'il pourra goûter en paix les joies du devoir accompli et de l'ambition réalisée.

VI

DISCERNEMENT DES CARACTÈRES

Apprenez à connaître les hommes. — La physionomie. — Les cinq formes du visage. — Les traits, leur signification. — Les tempéraments. — Les paroles et l'attitude. — Valeur de la première impression. — Le maniement de l'homme. — La manière de le conquérir. — Comment repousser l'attaque d'un adversaire.

Apprenez à connaître les hommes, il faut que vous sachiez à qui vous avez affaire, ce que l'on vous veut, ce que vous pouvez donner. Les paroles dans certaines occasions suffisent pour orienter une destinée ; il est bon de savoir les approprier aux circonstances.

Celui qui a vécu, qui a payé à l'expérience son tribut de déceptions, d'amertumes, d'efforts sans récompense, sait bien que l'humanité est loin d'être parfaite. Il n'ignore ni les embûches, ni les fourberies, ni les traîtrises auxquelles il est exposé. Aussi ne s'avance-t-il dans la vie qu'avec prudence, en s'entourant de toutes les précautions requises pour déjouer la malfaisance d'autrui. Sans aller jusqu'à croire avec Rousseau que l'homme qui pense est un animal dépravé, il est bien permis d'avouer que quelques-uns de ceux que nous coudoyons ne sont ni des foudres de vertu, ni des parangons de loyauté, et que plusieurs n'assurent leur existence que par des moyens indélicats, par la ruse et le mensonge.

Il importe donc de bien savoir distinguer les bons des mauvais, les favorables des nuisibles, ou même les habiles des maladroits; ceux qui sont en mesure de faciliter votre tâche, de ceux qui ne pourraient que l'entraver. Vous ne devez négliger aucun signe, aucune indication, aucune tare, susceptibles de vous éclairer. Vous avez l'intention de ne pas duper les autres, mais aussi de n'être la dupe de personne.

Lorsque vous êtes en présence de quelqu'un qui a besoin de vous ou aux services duquel vous voulez avoir recours, regardez-le bien, d'un œil discret quoique vigilant. Soyez physionomiste, sachez par les traits de son visage, par son attitude, par ses gestes, prévoir la nature de son caractère, sa valeur intellectuelle et morale. « Les formes sont les signes qui constituent le langage physionomique. L'histoire de l'homme, de ses aptitudes, de ses inclinations, de ses maladies, en un mot sa destinée tout entière est inscrite dans l'expression de son visage et dans sa forme corporelle. » EUGÈNE LEDOS, *Traité de la Physionomie humaine.* (H. Oudin, éditeur.)

Plus loin, le même auteur écrit : « Il existe un rapport parfait entre la pensée de l'homme et son être, entre sa forme et ses aptitudes; et l'on peut dire avec vérité que l'intelligence et l'esprit impriment un cachet ineffaçable à la matière. Ils la modèlent et la coulent en quelque sorte sur leur moule. La multiplicité des formes est donc en rapport direct avec la diversité des esprits. »

« La face du méchant porte les marques irrécusables de ses instincts pervers et de ses actions criminelles. Celle de l'homme juste porte l'empreinte d'une innocence qui l'absout des accusations et des calomnies des méchants. »

« Ton discours est écrit sur ton front, disait Marc-Aurèle, je l'ai lu avant que tu aies parlé. »

De nombreux penseurs ont affirmé l'étroite corrélation existant entre la physionomie et le caractère.

« Dans un livre, c'est l'esprit qui parle, dans la physionomie, c'est l'âme qui se montre », dit l'historien V. Duruy.

Schopenhauer n'est pas moins explicite, lorsqu'il écrit : « La parole ne reproduit que la pensée de l'homme, le visage reproduit la pensée de la nature. »

Il n'est pas un écrivain qui ne se serve de la description physionomique, pour mieux exprimer les sentiments ou le naturel de ses personnages. Hugo dans ses œuvres en prose, Lamartine dans ses *Girondins*, Balzac dans ses romans, des centaines d'autres en donnent de fréquents exemples.

Voici quelques principes généraux, se référant aux observations de M. Eugène Ledos, le maître incontesté de la science physionomique à notre époque; ils vous mettront sur la voie.

Remarquez la forme du visage de votre interlocuteur, il se rapporte à l'une des figures géométriques que M. Ledos considère comme les cinq types généraux qu'affecte le visage humain. Ce sont : le type carré, le type triangulaire, le type rond, le type ovale et le type conoïde.

Chacun d'eux se subdivise en type franc, allongé et court.

Le type allongé tempère le caractère du type franc, le rend moins formel, moins absolu, met un peu d'idéalisme dans ses tendances positives.

Le type court exagère les inclinations du type franc, les rend plus grossières, plus brutales, plus matérielles.

Le visage carré annonce une nature énergique, d'une fermeté pouvant aller jusqu'à l'inflexibilité. Les individus qui possèdent ce type ne transigent jamais sur leurs opinions, qu'ils défendent âprement. Ils sont habiles raisonneurs, font tout avec méthode, recherchent la solution des problèmes les plus ardus. Leur sens pratique est très développé, ils ont l'amour de la propriété et marquent des tendances à l'avarice. Chez eux la tête domine le cœur. Ils sont égoïstes, peu enclins aux sentiments; ils ignorent la clémence et la pitié. Les savants, les érudits, les inventeurs, les mécaniciens, les architectes, les agriculteurs se recrutent souvent dans ce type.

Le visage triangulaire indique un caractère bizarre, capricieux, sans persévérance, manquant de réflexion. Les individus de ce type exécutent prématurément leurs résolutions sans les avoir mûries. Ils sont rusés, menteurs, moqueurs, facétieux; ils ont l'esprit de saillie et la répartie vive. Leur gaieté est souvent superficielle et dissimule une réelle mélancolie intérieure, un profond découragement. Ils affectionnent la contradiction et n'ont que des opinions instables. Leur imagination les prédispose plutôt à la théorie qu'à la pratique. Ils sont amoureux de liberté, ne se plient à aucune discipline, n'acceptent pas la servitude. Ils ont le goût de l'aventure, de la spéculation hasardeuse, du jeu. Le besoin de critiquer, de railler et d'injurier qui les possède leur vaut beaucoup d'ennemis. Ce type se rencontre généralement dans les positions subalternes.

Le visage rond dénote de l'initiative et de l'énergie, de la fougue et de la colère. Les hommes de ce type sont actifs, ils ont l'entendement prompt, mais leur précipitation les expose à commettre des erreurs. Ils sont courageux jusqu'à la témérité, mais ne persévèrent pas dans leurs entreprises s'ils rencontrent des obstacles. Ils n'ont ni ténacité ni volonté continue. Leur imprudence et leur imprévoyance sont pour eux une cause de nombreux embarras. Ils aiment à dominer. Ils mettent de l'ordre dans leurs affaires et savent les mener rondement. Ils sont prodigues, généreux, quoique d'esprit pratique et positif. Ils ignorent le sentiment. Ils sont expansifs, sociables, bavards, ils excellent dans la charge et le calembour, adorent les joies de la table et sont de gais convives. La vanité, la sensualité, la susceptibilité, la colère sont leurs défauts habituels. Ils font de parfaits commerçants, des commis-voyageurs précieux pour les maisons qui les emploient.

Les individus de visage ovale sont d'un esprit mobile et impressionnable à l'excès. Ils obéissent aveuglément à leurs tendances et manquent de ressort pour réagir quand il est nécessaire. Rien ne peut les satisfaire, parce qu'ils vivent en un perpétuel désir. Ils obéissent à tous leurs caprices, à tous leurs coups de tête, ils commencent tout et ne finissent rien. Ils sont timides, inconstants, peureux, paresseux, rusés, menteurs, en même temps que romanesques, rêveurs, idéalistes, enthousiastes, intuitifs. Ils ont le goût du merveilleux et de l'aventure et n'entendent rien aux questions pratiques de la vie. Ils ne tiennent pas leurs promesses et sont infidèles. Le sentiment religieux, poussé jusqu'au fanatisme, est parfois très développé en eux.

Le visage conoïde révèle un sens pratique très prononcé, le juste sentiment des réalités. Les individus de cette catégorie possèdent une certaine finesse et beaucoup de tact, ce qui ne les empêche pas, cependant, d'être poseurs, importants et bouffis de vanité. Ils sont autoritaires, ne reculent pas devant l'exploitation du prochain et dissimulent leur ruse, leur diplomatie, sous une apparente bonhomie. Toutes leurs facultés se concentrent sur les affaires, ils détestent les innovations. Ils ont le goût des honneurs, des places pouvant les mettre en évidence, des festins, des spectacles. Ils sont gourmets et quelquefois gourmands, poltrons, sensuels, passionnés pour l'argent. Ils ont de grandes qualités d'ordre et d'administration. Ils sont banquiers, directeurs d'usines, présidents de sociétés.

Les portraits ci-dessus me paraissent poussés au noir. L'auteur les a chargés, sans doute pour mieux en faire ressortir les lignes et les rendre plus facilement saisissables au lecteur.

Ces appréciations, d'ailleurs, ne sont que relatives; comme celles que je donne plus loin, elles sont modifiées par le tempérament, l'éducation, le milieu. L'observateur, renseigné sur les tendances inhérentes à chaque type, doit les rechercher dans l'individu se rapprochant de ce type, en faisant la part des altérations, des juxtapositions, des améliorations que les causes indiquées : tempérament, éducation, milieu, sont susceptibles de produire. Elles servent de guide à ses déductions, elles ne les commandent pas.

Examinons maintenant brièvement les détails du visage. Certains signes ne trompent presque jamais.

Le front plat et perpendiculaire des cheveux aux sourcils, indique une faible intelligence, un esprit borné. Il en est de même pour le front étroit ou le front carré et uni.

Le front perpendiculaire, courbé du haut, est l'apanage des intelligences positives, mathémathiques, réfléchies, prédisposées aux sciences.

Le front bas est l'indice d'une nature grossière, pleine de rudesse et de méchanceté.

Le front très fuyant est un signe d'adversité, le malheur menace celui qui en est affligé.

Le front penché en arrière, sans exagération, indique une imagination vive, des goûts artistiques.

Carré, légèrement bosselé : de la raison, du bon sens, de la réflexion.

Allongé, en ovale, il dénonce le rêveur, l'idéaliste, l'enthousiaste, l'imaginatif.

Quand le front est convexe au milieu, osseux, large, haut, il annonce un penseur **réfléchi**, doué de mémoire, prudent, observateur, méditatif.

Le front rond, légèrement bosselé, appartient aux individus actifs, audacieux, énergiques, ambitieux, éloquents, passionnés et frondeurs.

Quand il est rond, uni, en boule ou triangulaire très étroit, il signifie sottise, grossièreté, maladresse, paresse, lâcheté.

Triangulaire, large, légèrement bombé : finesse, délicatesse, esprit rêveur, poétique, caractère souple, aimable.

Une veine gonflée traversant perpendiculairement le front atteste de grandes capacités.

Un front qui ne se plisse jamais, même pendant les plus fortes émotions, est le signe certain de la froideur et de l'hypocrisie, voire de la bassesse. (Lavater.)

Les sourcils horizontaux, rapprochés des yeux, signifient dureté, inflexibilité.

Très éloignés des yeux : pauvreté d'esprit.

En accent circonflexe, esprit déséquilibré.

Obliques, remontant vers les tempes : démence, nature immonde.

Les sourcils modérément arqués, de contour régulier, dénotent un caractère ouvert.

Fortement arqués : courage, orgueil, colère.

Epais, en broussaille : caractère original, bizarre.

Horizontaux, s'abaissant sur les yeux : **ruse**, malice, fourberie.

Les yeux très saillants sont un signe de lourdeur d'esprit, de manque de bon sens.

Enfoncés et mobiles : ruse, malice.

Vipérins, étincelants : raillerie, cruauté.

Des yeux ni saillants, ni enfoncés, tenant le juste milieu, indiquent les bonnes mœurs, l'égalité du caractère, l'équilibre de l'esprit.

Petits, vifs, mobiles : esprit inquiet, rusé, vicieux.

Clignotants, troubles et à fleur de tête : timidité, crainte, absence de finesse.

Clairs, vifs, regard droit : esprit sensé, courage, volonté.

Défiez-vous des regards obliques, qui annoncent la méchanceté, la perfidie, l'inhumanité.

Les grands nez appartiennent aux originaux, aux utopistes.

Lorsque la voûte du nez est exagérée et trop

prolongée, il faut s'attendre à quelque dérangement dans l'esprit. (Lavater.)

Le nez droit, un peu carré du bout, appartient aux hommes de volonté ferme, calmes et raisonnables.

Courbé, en bec de corbeau, aux audacieux, aux avares.

Aquilin, aux ambitieux, aux courageux, aimant la magnificence et la domination.

Retroussé, aux insolents, aux hommes qui abusent de leur aplomb, aux importuns.

Un nez charnu, arrondi du bout, qui s'abaisse sur les lèvres, est signe de sensualité.

Le nez gros, charnu et évasé, révèle un esprit lourd, obtus, un paresseux et un gourmand.

Le nez en pointe, un caractère sec, cassant, égoïste.

Quand il est long et mince, il signifie légèreté, irrésolution.

Modérément petit, droit, à bout relevé, doucement arrondi : esprit vif, fin, spirituel.

Quand le nez est très petit et anguleux, il annonce un esprit chicanier, agressif.

Très petit, creux à sa racine et arrondi du bout: caractère faible, efféminé, inconstant, irréfléchi.

Courbé ou non, un nez dont la racine est large annonce toujours des qualités supérieures. Cette forme est rare même chez les hommes célèbres; mais son infaillibilité est incontestable. (Lavater.)

Les grosses lèvres en bourrelet sont l'indice d'un esprit lourd, d'instincts grossiers.

Les lèvres aux commissures relevées signifient : insolence, raillerie, vanité.

Serrées, droites, minces : méchanceté, hypocrisie, sécheresse de cœur.

Lèvre supérieure débordant légèrement : bonté.

Lèvre inférieure débordant la supérieure : sensualité.

Arquées et serrées : orgueil, despotisme.

Déprimées, rentrées en dedans : avarice.

Petites, en cœur : vanité, légèreté, poltronnerie.

Quand les lèvres se ferment sans effort, qu'elles sont assez plates, l'inférieure débordant un peu, elles annoncent un homme réfléchi, prudent.

Les lèvres grandes, horizontales, dont les

coins affectent la forme d'une virgule, appartiennent aux hommes concentrés, fins, avisés, aux diplomates et aux ambitieux.

Les lèvres entr'ouvertes, épaisses et arrondies, aux individus indolents, crédules et de nature faible.

Le menton petit, rond, très peu saillant, indique de la timidité, du manque d'énergie et de volonté.

Petit, rond, un peu gras : vanité, poltronnerie, indiscrétion.

Petit, fuyant du bas : perfidie, méchanceté, envie.

Le menton qui recule en s'arrondissant : caractère faible, se dérobant devant l'obstacle.

Le menton carré, anguleux, en avant, annonce le courage, l'énergie, la volonté.

Anguleux et droit : l'homme réfléchi, prudent et ferme.

Moyen, rond et saillant modérément : raison, prudence, réflexion.

Le menton rond et en avant appartient aux hommes pratiques et positifs, très aptes aux affaires, bons administrateurs.

Le menton plat indique de la sécheresse, de la froideur, de l'égoïsme.

Plat, osseux et perpendiculaire : opiniâtreté, passivité voulue.

Grand, arrondi, gras, à double étage : sensualité, instincts matériels.

Grand, osseux, s'avançant en pointe : dureté, avarice, domination.

Les mâchoires larges, saillantes, annoncent la prédominance des instincts matériels, l'avidité, l'égoïsme. Si aucun autre signe favorable n'atténue celui-ci, défiez-vous de l'individu qui le possède.

Derrière le front réside le cerveau, organe de la pensée, il représente la partie intellectuelle de l'homme.

Les yeux, le nez, les oreilles sont les organes qui permettent à l'homme de se rendre compte des choses qui l'environnent. C'est la partie qui discerne, la partie raisonnable.

La bouche, les lèvres, organes du goût, et le menton, prolongement des mâchoires qui servent à la mastication, constituent la partie matérielle de l'homme.

« Si le nez est court et le menton long, c'est la matière qui l'emporte sur la raison; si les parties supérieures sont plus développées que le menton, c'est la raison qui l'emporte sur la matière. » (Desbarrolles.)

L'irrégularité, non accidentelle, dans l'alignement des traits, des yeux, une bouche de travers, dénoncent le trouble des facultés mentales, des tares, une nature vicieuse.

Lavater s'exprime ainsi : « Ceux qui sont très prudents ont les traits bien proportionnés, bien déterminés et fortement prononcés; ceux qui sont très stupides les ont plats, sans nuance, sans caractère, sans inflexion ni ondulation. Celui dont la configuration, dont la bouche, la démarche, la main sont de travers, c'est-à-dire suivent des directions inégales et qui se croisent réciproquement, celui-là aura dans sa façon de penser, dans son caractère, dans sa manière d'agir, quelque chose de louche, d'inconséquent, de rétréci, de sophistique, de faux, de rusé, de contradictoire, de froid, de malin, de dur et d'insensible. » *(Cité dans le Grand Dictionnaire Larousse.)*

Les observations ci-dessus seraient incomplètes si vous ne connaissiez pas les signes distinctifs des quatre tempéraments types : le tempérament lympathique, décelant l'homme instinctif ou tranquille; le tempérament sanguin, décelant l'animique ou actif; le tempérament nerveux, décelant l'intellectuel ou pessimiste et le tempérament bilieux, décelant l'homme volontaire.

L'homme de tempérament lympathique est généralement gras, bouffi; sa chair est molle, le visage blanc ou légèrement teinté de rose est empâté; les traits sont peu accentués, arrondis ; les yeux humides, larmoyants, sans éclat, *incurieux*; les cheveux très blonds, soyeux et rares. Il a un caractère placide, passif, résigné aux vicissitudes de la vie. Il accepte la domination, est ennemi de l'initiative, du mouvement, de l'action personnelle. Il n'est jamais pressé quoi qu'il fasse, et il n'agit que forcé par les circonstances ou stimulé par une volonté étrangère. Il est routinier, aime à suivre les chemins battus, à faire toujours les mêmes travaux, que son esprit calme et minutieux lui permet d'accomplir lentement mais d'une manière satisfaisante. Il n'est ni coléreux, ni ambitieux. C'est un sentimental, un contemplatif, un rêveur. Sa voix est monotone, lente, voilée. Sa conversation interminable, ennuyeuse, assoupissante, est débitée sans gestes. Sa poignée de main est molle et humide. Il marche lentement, à petits pas gauches et embarrassés. C'est l'employé modèle, le serviteur obéissant.

L'homme de tempérament sanguin possède un léger embonpoint, il est bien musclé ; il a le teint vermeil ou rouge ; les yeux ouverts, le regard droit et animé, les lèvres colorées, les cheveux fournis, châtains ou bruns, souvent ondulés ou frisés. Son caractère est affable, démonstratif, exubérant. Il est optimiste et voit la vie en rose, il aime les distractions et tous les plaisirs. Il a des colères promptes, mais passagères, il pardonne facilement. Il a l'esprit plus souple que profond, une bonne mémoire, un jugement sain. Il fait montre de bienveillance, d'humanité, de courtoisie. Il est sensible aux égards et écoute volontiers les flatteurs. Sa voix est bien timbrée, assez forte. Sa conversation est vive, bruyante, émaillée de bons mots, coupée d'éclats de rire, ponctuée de gestes fréquents et aisés. Sa poignée de main est chaude et vigoureuse. Il marche à grands pas, d'une allure dégagée. C'est l'infatigable ouvrier, l'abatteur d'obstacles, le boute-en-train.

L'homme de tempérament nerveux est habituellement maigre, de taille élancée, il a le teint pâle, tirant sur le jaune, les traits expressifs, les yeux brillants et mobiles, les cheveux blonds, quelquefois bruns. Il est d'une grande sensibilité morale et physique, il s'alarme et s'enthousiasme à propos de tout et de rien. C'est un oiseau qui chante au soleil et qui s'envole au bruit d'une branche qui tombe. Il est intelligent, curieux, spirituel; il a de l'imagination, s'intéresse aux idées plus qu'aux faits, donne des preuves de tact et de délicatesse, mais manque parfois de réflexion. Il poursuit plusieurs buts à la fois, les abandonne au premier obstacle, pour en chercher de nouveaux. Sa voix est peu forte, passionnée, quelquefois tremblante. Sa conversation est imagée, intéressante, originale, avec tendance à l'exagération. Ses gestes sont rapides, souples, nombreux. Sa poignée de main est osseuse et sèche. Il marche à petits pas pressés. C'est le poète, l'artiste, le novateur.

L'homme de tempérament bilieux a souvent le corps grêle, les muscles fortement accusés. Il a le teint sombre, safrané ou olivâtre; l'œil profond, enfoncé sous l'arcade sourcilière; les traits accentués, le nez ou pointu ou aquilin, le menton saillant, les cheveux noirs ou roux. Il est doué d'une inflexible volonté et d'une énergie que rien ne peut abattre. Il est actif, hardi, persévérant, audacieux, entreprenant. Il fait preuve de subtilité, de décision, de fierté; il cherche à dominer, à imposer ses idées. Sa colère peut aller jusqu'à la fureur. Ses passions sont exaltées, ardentes. Il a parfois des accès de profonde tristesse. Sa voix est ferme, cassante, impérative; sa conversation facile, animée, entraînante; ses gestes véhéments, altiers, agressifs; sa poignée de main dure et froide. Il marche à grands pas, fièrement. C'est un maître ou un révolté.

Peu d'hommes possèdent exclusivement l'un ou l'autre de ces tempéraments simples. Presque toujours ceux-ci se combinent, s'allient, se confondent et forment des tempéraments composés, désignés ainsi qu'il suit :

Le tempérament sanguin-bilieux, réunissant en lui l'activité, la jovialité, l'exubérance du sanguin, à la volonté, à l'énergie, à l'audace du bilieux.

Le sanguin-lymphatique ayant la douceur, le calme du lymphatique, alliés au bon sens, à la bienveillance du sanguin.

Le sanguin-nerveux à la fois sensible, intelligent, actif et passionné.

Le bilieux-lymphatique manifestant des tendances contradictoires, tour à tour énergique et faible, résolu et indécis.

Le bilieux-nerveux impressionnable et irritable à l'excès, autoritaire, actif, enthousiaste, inquiet, coléreux et jaloux.

Le lymphatique-nerveux, qui tient du lymphatique le goût de la contemplation, de la rêverie, de l'inaction, allié à l'imagination, à l'inquiétude, à l'instabilité du nerveux.

C'est à l'observateur qu'il appartient de discerner par les signes essentiels la part qui doit être faite à tel ou tel tempérament.

Lorsque vous aurez bien enregistré dans votre mémoire ces diverses indications et que vous saurez les appliquer judicieusement, vous n'éprouverez aucune difficulté à connaître le caractères, les dispositions, les qualités et les défauts de ceux qui vous approchent.

Pour vous aider dans votre diagnostic, vous devrez également porter votre attention sur les paroles prononcées devant vous, ainsi que sur l'attitude, sur la tenue de votre interlocuteur.

« On juge un homme à sa phrase, c'est l'échantillon détaché, qui suffit pour qu'on connaisse son étoffe.

« La conversation est la physionomie de l'intelligence.

« Il y a des conditions qui se trahissent par un seul mot.

« Donnez-m'en un de la conversation d'un homme, et je vous dirai son rang, son instruction, son savoir-vivre. Si c'est une femme, je vous dirai même son âge ! » EUGÈNE CHAPUS, *Manuel de l'homme et de la femme comme il faut.*

« Parle pour que je te voie », demandait Socrate.

L'homme qui dit : la fin justifie les moyens, la force prime le droit, la misère n'est pas une excuse, après moi le déluge, ou toute autre formule cynique ou méchante, enveloppée même dans de subtiles périphrases, est un être sur la loyauté, sur le dévouement duquel il fait bon ne pas compter.

Vous ne pouvez pas confier une mission importante, la défense de gros intérêts, la discussion d'un litige à celui qui ignore la valeur exacte des termes qu'il emploie; qui ne voit pas de différence entre les mots intégralité et intégrité, conséquent et important, souscription et suscription, imminent et éminent, etc. ; à celui qui émaille sa conversation de cuirs déplorables ou de mots déplacés. Ces fautes dénotent un manque de culture, une absence d'éducation qui classe un homme définitivement.

Un homme qui se présente à vous correctement mis, sans apparat ni négligence, dont les manières sont aisées, courtoises, discrètes; qui a du linge d'une impeccable blancheur, une cravate bien placée, des souliers cirés, a, soyez-en certain, des habitudes d'ordre, une bonne éducation, un esprit équilibré.

Celui qui a des vêtements excentriques, de nuance voyante, un col démesuré, des bagues à tous les doigts, une chaîne de montre trop lourde sur un gilet trop éclatant; qui gesticule, élève la voix, se met en évidence, exalte ses capacités, est un fat, dénué de goût, hâbleur, brutal, mal élevé et d'une intelligence médiocre.

L'homme dont la jaquette est constellée de taches, la cravate mal attachée, le linge froissé; qui a des chaussures boueuses, un pantalon effrangé; qui crache sur le sol, met ses mains dans ses poches, vous souffle dans le visage, accuse ainsi son désordre, sa malpropreté, sa paresse, son absence de toute dignité, la vulgarité de ses habitudes.

Un geste involontaire, dont la violence contraste avec le ton de la conversation; des poings fermés, des dents serrées, un regard torve, surpris à la dérobée chez celui qui ne se croit pas surveillé; une distension de mâchoires significatives, rappelant le mouvement du chien qui veut mordre, annoncent de mauvais instincts.

La brutalité ancestrale est encore vivace dans l'individu qui laisse paraître de tels indices. Soyez prudent et circonspect avec lui.

Ces remarques, que nous avons tous faites, doivent être notées avec soin.

Gardez le souvenir du sentiment que vous éprouvez en voyant un homme pour la première fois. Est-ce, malgré l'apparence convenable de votre visiteur, un sentiment antipathique, dont vous ne pouvez vous expliquer la raison ? Restez dans l'expectative. Il y a certainement quelque chose d'inconnu encore pour vous qui motive votre répulsion. Employez-vous à en découvrir la cause, avant de vous livrer, avant toute confidence.

Si, au contraire, vous vous sentez porté, comme malgré vous, vers celui dont vous faites la connaissance, il y a tout lieu de penser qu'il existe entre vous des affinités secrètes, une similitude d'idées et de caractère qui le désignent à votre amitié. « Le premier moment où un homme se présente à vous dans son véritable jour, vous prévient-il en sa faveur ? Cette première impression ne vous blesse-t-elle en aucune façon ? Ne vous cause-t-elle aucune gêne, aucune contrainte ? Vous sentez-vous au contraire, en présence de cet homme, immédiatement et de plus en plus serein et libre, de plus en plus animé et, même sans qu'il vous parle, plus content de vous-même ? Soyez sûr alors que cet homme ne perdra jamais dans votre esprit, il y gagnera constamment, pourvu qu'un tiers ne vienne pas se placer entre vous deux. La nature vous a formés l'un pour l'autre ; peu de mots suffiront pour que vous vous disiez beaucoup de choses. » LAVATER, *Physiognomische Positionem*. *(Cité par le Grand Dictionnaire Larousse.)*

Maintenant que vous connaissez l'homme à qui vous avez affaire, comment pouvez-vous, soit vous en servir, gagner sa sympathie ; soit vous défendre contre ses intentions nuisibles ou simplement désagréables ? Comment devez-vous le prendre pour vous faire écouter de lui, pour obtenir son concours, l'associer à vos desseins ; ou bien au contraire, pour vous dérober à sa domination, échapper à ses pièges ?

C'est ce que nous allons étudier ensemble.

L'homme tient à ses passions, bonnes ou mauvaises, il aime à les entendre célébrer, il écoute celui qui le flatte, celui qui partage ses préférences, qui lui donne raison, qui renchérit sur la valeur qu'il se décerne à lui-même *in petto*. Sous l'empire de l'exaltation passionnelle, il n'est plus le maître de sa raison, son entendement s'obscurcit. L'afflux émotif enlève à son jugement le calme nécessaire pour statuer exactement sur la gravité ou les conséquences de ses déterminations. Il ne s'appartient plus, il est prêt à accepter les suggestions étrangères, à croire aux paroles qu'il entend.

Sachant cela, il vous est facile de l'amener au degré de passivité requis pour le conquérir. Eblouissez-le de votre admiration, endormez sa vigilance par vos approbations répétées; en procurant à ses caprices, à ses penchants, l'occasion de se produire, de s'exagérer; en enlisant sa volonté dans les ornières de l'habitude et des manies. Il oubliera peu à peu de se tenir sur la défensive, sa résistance fléchira, une brèche se fera dans son esprit, par laquelle il vous sera loisible de passer. Vous pourrez lui faire partager vos convictions, il adoptera vos idées en les croyant siennes, il obéira à vos instigations.

Au tranquille, parlez de tranquillité, soyez comme lui calme et lent. Fournissez-lui des motifs d'oisiveté et de rêverie. Épargnez à son apathie la hâte et le mouvement. Écoutez-le constater l'inutilité de l'effort, les risques et les déceptions de l'initiative, le charme de la médiocrité. Ne l'éloignez pas des joies matérielles auxquelles son tempérament le prédispose.

A l'homme actif, parlez d'action, partagez son ardeur, son optimisme, sa bienveillance. Donnez-lui les moyens de se dépenser, de produire, de créer. Vantez avec lui la beauté du travail, l'attrait des grandes entreprises, les joies de la réalisation. S'il aime les plaisirs, cherchez ensemble les distractions qui lui conviennent. Soyez le confident de ses projets et de ses inquiétudes.

A l'intellectuel, impressionnable et nerveux, causez ou science ou art, selon ses préférences. Soumettez-lui des projets d'étude, faites-lui part de vos découvertes, suscitez sa critique, éveillez sa curiosité. N'arrêtez pas l'essor de son enthousiasme, ne lui montrez pas la fragilité de ses espérances. Ne contrariez pas ses opinions, apportez-lui plutôt des preuves qui confirment leur bien fondé. Laissez-le chevaucher sa chimère.

Stimulez la passion de l'ambitieux, du volontaire, en découvrant avec lui le vaste champ des espoirs et les multiples ressources offertes par la vie moderne pour arriver au but rêvé. Encouragez son audace, montrez-lui la situation à prendre, la dignité à saisir. Eperonnez son énergie en lui laissant l'honneur de passer le premier. Approuvez ses résolutions et inclinez-vous de bonne grâce devant son autorité.

A une personne de naturel enjoué, aimant la vie et les plaisirs, n'allez pas raconter des histoires lugubres. Ne l'entretenez pas de vos soucis et des misères de l'existence. Elle ne vous comprendrait pas et vous auriez des chances de l'ennuyer profondément. De même si celui à qui vous parlez semble préoccupé, si la tristesse se reflète sur ses traits, dans son regard; ne l'informez pas de vos joies, ni ne lui faites le récit de vos succès. Participez plutôt à sa peine et prodiguez-lui vos encouragements.

« Observez sur la physionomie de votre interlocuteur l'effet de vos paroles; cherchez à pénétrer ce qu'il éprouve; ne le perdez pas un instant de vue et que vos yeux, constamment attachés sur lui, vous guident pour ne pas vous compromettre par un mot qui pourrait déplaire, ou par la fatigue d'un trop long entretien. » *L'art de briller en société.* **BESCHERELLE** aîné.

Si, au contraire, vous voulez vous défendre contre les intentions d'un adversaire, éluder la proposition d'un importun, employez la tactique opposée.

Vous savez quel est son tempérament et son caractère, et par suite quel est son système d'attaque. Déjouez ses manœuvres, restez sourd à toute flatterie, surveillez votre langue et vos pensées. Ne lui permettez pas de vous entraîner graduellement sur la pente des concessions, repoussez ses avances insidieuses, ses promesses et ses engagements. Soyez inexpugnable.

Ecoutez-le avec courtoisie, en paraissant vous intéresser à ses paroles et croire à ses affirmations. Il est utile qu'il dépense toute sa verve, toute son énergie. Faites ce que vous feriez pour un cheval emballé, rendez la main, laissez-lui le champ libre, qu'il épuise toute sa réserve de dialectique, tout son pouvoir de persuasion. A ce moment, alors que la force lui manque, entrez en ligne, réfutez sans rigueur, avec calme et logique, ses diverses assertions, déclinez ses offres gracieusement, et exprimez le regret de ne pouvoir le satisfaire.

Fatigué de l'effort qu'il vient de fournir, démonté par votre refus inattendu, en présence de votre fermeté, il n'insistera que mollement ou même pas du tout et se repliera en bon ordre, avec dépit peut-être, mais aussi avec la conviction de s'être attaqué à plus habile que lui.

Le succès, pour une grande part du moins, est dû à l'adresse que l'on apporte dans le maniement des hommes. Il est nécessaire d'en connaître les premières notions, en laissant à la vie le soin de parfaire l'éducation sur ce point. En tout cas, rappelez-vous toujours que votre savoir ne doit être employé qu'au service du bien. Dominer votre semblable ne veut pas dire abuser de sa faiblesse ou de sa candeur, le subordonner à la tyrannie de vos intérêts ou de votre égoïsme. L'avantage d'être au-dessus des autres, intellectuellement ou matériellement, vous confère des devoirs auxquels vous ne pouvez faillir sans indignité. Les modestes ont droit à votre appui, à vos encouragements, les ignorants à votre expérience, les déshérités à votre richesse. Servez-les autant que vous-même, et défendez-les également contre les embûches du sort.

VII

QUALITÉS SECONDAIRES

La politesse et l'affabilité. — Soyez juste et bon envers les inférieurs. — La conversation. — Comment on a de l'esprit. — L'art de bien écouter. — Tenez toutes vos promesses. — Soyez exact, ne faites jamais attendre.

Il me reste à parler de quelques qualités secondaires, mais cependant précieuses. Le lecteur qui a bien voulu me suivre jusqu'ici et qui veut persévérer dans la voie que je lui montre, devra gagner la confiance et la sympathie de ceux avec lesquels il est en rapport. Il y arrivera s'il sait être affable, bon, attentionné et poli avec eux. Qu'il soit bienveillant avec les inférieurs, qu'il les reçoive et les écoute sans impatience. « L'affabilité donne toujours une bonne idée des personnes qui en sont douées, elle inspire de la confiance aux inférieurs qui en sont l'objet. Il ne faut pas la confondre avec la politesse. On doit être poli avec toutes les personnes à qui l'on a affaire, on ne doit être affable qu'avec ses inférieurs; l'homme poli témoigne des égards, l'homme affable manifeste de la bienveillance. » *L'Art de briller en société*. BESCHERELLE aîné.

Si la destinée vous a départi de l'autorité, si vous êtes dans l'obligation de commander aux autres, prouvez votre force en ne tirant aucun orgueil de ce dangereux privilège. Usez-en avec modération, avec prudence et même s'il est possible avec bonté.

C'est un tort de croire qu'on a plus d'ascendant sur un subalterne en se montrant autoritaire avec lui. Dans toutes les circonstances où la main de fer est de rigueur, ayez soin de la ganter de velours. La pression est moins douloureuse tout en étant aussi ferme, l'antagonisme s'atténue, la subordination est mieux acceptée.

Renan a trouvé une image typique pour recommander la modération quand il a dit : « L'homme est du bois dont on fait les arcs; plus on le tient courbé, plus il se redresse. »

Que tous ceux qui commandent se souviennent de ces paroles et qu'ils ne profitent pas de leur situation pour courber abusivement l'arc humain que le sort leur a confié.

La conversation joue un très grand rôle dans les relations, il faut apprendre à bien converser; c'est un art qui exige de l'esprit, du bon sens, du tact et une profonde connaissance du cœur humain. La contradiction, s'il y a lieu de le faire, doit être modérée, restez-y calme et déférant, ne démentez pas ouvertement, dites : je croyais... je supposais... Vous avez raison, bien que j'aie entendu dire... etc. Il est préférable, quand la chose a peu d'importance, d'accepter purement et simplement la thèse ou l'allégation de la personne qui parle, plutôt que d'en contester la véracité; surtout si cette personne est votre supérieur direct, une dame ou un vieillard.

« La raison se compose de vérités qu'il faut dire et de vérités qu'il faut taire. » Cette pensée de Rivarol est complétée par celle de Labruyère qui dit : « Il y a des gens contre qui il n'est pas permis d'avoir raison. »

En public, lorsque vous parlez à un nombreux auditoire, vous devez faire montre d'une dialectique habile, mais dans la simple conversation, il vaut mieux s'abandonner à l'inspiration du moment et éviter la recherche et l'affectation. N'argumentez pas, n'exposez pas de longues théories en phrases diffuses et ennuyeuses, répudiez les termes abstraits ou par trop techniques.

Ne faites pas parade de vos opinions et surtout respectez celles des autres. Evitez le ton catégorique, ne portez pas de jugements définitifs sur des questions que vous connaissez imparfaitement. Les pédants et les pontifes sont grotesques, ils fatiguent les gens les mieux disposés, ils font le vide autour d'eux.

Ne cherchez pas à éblouir votre interlocuteur, parlez-lui des choses qu'il comprend, tenez compte de son âge, de sa culture, de sa situation. « Ne paraissez jamais, disait lord Chesterfield à son fils, ni plus sage, ni plus savant que ceux avec qui vous êtes. Portez votre savoir comme votre montre, dans une poche particulière, que vous ne tirez point et que vous ne faites point sonner uniquement pour nous faire voir que vous en avez une. »

C'est un conseil identique que donne M. Emile Deschanel dans les lignes suivantes :

« Il ne faut jamais être ni au-dessus ni au-dessous de ceux à qui l'on parle. Dire à une personne médiocre des choses qui ne le sont pas, c'est manquer d'à propos, de tact. On a du tact quand on sait être médiocre et commun dans l'occasion. L'esprit est chose de rapport, de relation, de mesure. Esprit hors de propos ou de proportion n'est plus esprit. C'est en avoir beaucoup que de n'en pas montrer toujours. » *L'esprit de conversation.*

Ménagez les bons mots, tempérez votre verve, laissez à vos auditeurs le temps de respirer et de se reconnaître. Une femme spirituelle, Mme Sophie Arnould, très versée dans ce sujet, nous le rappelle aimablement : « Les gens d'esprit sont comme les roses, une seule fait plaisir, mais un bouquet entête. »

Ne commettez pas la maladresse de parler devant une tierce personne de gens ou de choses qu'elle ignore. N'employez jamais la médisance, elle n'intéresse que les sots et les méchants, elle discrédite celui qui s'en sert. Laissez cette arme indigne aux petits esprits.

Si bien causer est un art, bien écouter en est un autre. « Ceux-mêmes qui se résignent à se taire ne consentent pas toujours à écouter. Aussi l'art de bien entendre est-il plus rare que celui de bien parler. » N'oubliez jamais ce conseil de Vauvenargues : « Quand on veut plaire dans le monde, il faut se résoudre à se laisser apprendre beaucoup de choses qu'on sait par des gens qui les ignorent. » Ecoutez attentivement la personne qui vous parle, donnez de temps à autre des petits signes d'approbation, pour bien montrer que vous la comprenez et que sa causerie vous intéresse. Vous aurez ainsi flatté son amour-propre et gagné sa sympathie, elle sera la première à vanter partout votre intelligence. Mais si vous l'écoutez d'un air distrait, le regard ailleurs, en restant insensible aux traits heureux, aux saillies spirituelles qu'elle étale avec complaisance devant vous, pour vous prouver sa valeur, vous ne serez plus qu'un être borné, de mentalité tronquée, inférieur à la situation que vous occupez. A quoi bon se laisser calomnier pour si peu ! « La politesse est de l'habileté, l'impolitesse est une sottise. Se faire exprès des ennemis,

c'est mettre le feu à sa maison. » SCHOPEN-
HAUER.

Bien écouter, c'est aussi bien apprendre, car la conversation du plus humble des ouvriers peut vous renseigner et vous instruire. L'esprit curieux trouve partout à butiner, il n'est pas pour lui de corolle stérile : mot pittoresque, renseignement professionnel, mobile psychologique jusqu'ici insoupçonné, sont ainsi recueillis, pour sa joie intellectuelle. Causez seulement une heure avec un modeste jardinier de campagne, et pendant cette heure, trop brève pour vous, vous verrez les jolies choses qu'il vous aura apprises, beaucoup mieux que si vous les aviez lues dans un livre. Le savoir acquis dans le silence du cabinet serait incomplet s'il n'était pas confirmé et chaque jour étendu par celui que l'on trouve, quand on veut s'en donner la peine, dans le commerce des hommes, dans l'intérêt que l'on porte à leurs travaux, à leurs peines, à leurs espoirs.

N'ayez qu'une parole. Réfléchissez bien aux promesses que vous pouvez faire et ne manquez jamais ensuite de les tenir. Ne trompez personne. Il faut que vos engagements soient considérés comme irrévocables et qu'ils aient la valeur d'un contrat signé et paraphé. L'homme que l'on déçoit éprouve un ressentiment qui peut aller jusqu'à la haine. Il est possible qu'il cherche à tirer vengeance de votre trahison, qu'il essaye de contrarier vos entreprises. Il va partout, colportant des propos injurieux sur votre compte, afin de vous disqualifier. C'est un ennemi, c'est un atout de moins dans votre main.

Soyez exact, ne faites jamais attendre. L'exactitude n'est pas seulement la politesse des rois, c'est aussi celle de tous les citoyens qui se respectent et qui respectent les autres. Un brevet d'exactitude, décerné par vos clients ou vos amis, vaut un parchemin de l'Université. L'homme exact est généralement considéré comme un homme sérieux et travailleur, attentif à la bonne gestion de son entreprise, sur lequel on peut compter, qui connaît son but et qui se met en marche à l'heure dite. Il mérite la confiance que, d'ailleurs, on ne lui marchande jamais. Au contraire, si vous vous montrez inexact, si vous dites : je serai chez moi à telle heure et que vous n'y soyez pas, si vous mettez du retard dans la livraison de vos commandes ou le paiement de vos factures, si vous ne vous trouvez jamais à votre bureau à l'heure que vous avez fixée vous-même, vous passerez aux yeux de tous pour un désordré, incapable de diriger votre maison et de faire honneur à vos affaires. Ceux qui piétinent dans une antichambre ou sur un trottoir s'impatientent très vite. Leurs appréciations à votre égard sont dénuées de bienveillance, ils s'irritent, s'exaspèrent, votre prestige en souffre. Vous leur dérobez un temps peut-être précieux ; vous leur faites une impolitesse qu'ils ne vous pardonneront pas et, à la prochaine occasion, ils se passeront de votre concours pour ne pas subir à nouveau le supplice de l'attente que vous venez de leur infliger.

VIII

QUALITÉS PHYSIQUES

L'homme ambitieux doit posséder une bonne santé. — Vous pouvez plaire sans être beau. — Un visage sympathique. — L'influence des pensées. — L'allure générale. — L'éducation du regard. — Étude du geste. — L'extérieur, les vêtements. — Pour produire une bonne impression. — Soyez accueillant, la cordialité du salut et de la poignée de main. — Le sommaire d'un livre américain. — La meilleure ligne de conduite.

L'homme ambitieux doit, autant que possible, posséder une bonne et solide santé. C'est un des principaux facteurs du triomphe. Des poumons que les intempéries n'altèrent pas, un sang riche, des muscles résistants, permettent à celui qui en est doué de fournir l'effort prolongé qui vient à bout de toutes les complications. Un être souffreteux n'aura jamais l'activité, le ressort, le brio nécessaires pour enlever lestement une affaire. Prenez donc un soin jaloux de votre santé, ne la surmenez pas, comme tant d'autres, dans de futiles distractions et des plaisirs douteux, qui ne procurent même pas la détente et le repos dont vous avez besoin. Ayez une vie calme et régulièrement ordonnée.

Composez-vous une physionomie, une allure générale caractéristique. La régularité des traits, la beauté, n'ont rien à voir dans cette question. On peut être laid et cependant avoir un visage qui plaît, qui intéresse, qui retient. Les pensées se reflètent dans les yeux, se lisent sur le front, se révèlent dans le port de la tête. Ayez de grandes et nobles pensées, vous aurez une grande et noble physionomie; vous produirez une sensation plus profonde, vous éveillerez une sympathie de meilleur aloi que le bellâtre aux yeux fendus en amande, aux cheveux bouclés, à la peau blanche, qui ne pense pas et l'exprime clairement par tous les traits de son visage efféminé.

Cette préoccupation de se constituer une individualité physique bien à soi, personnelle, originale; de posséder une expression qui ne soit pas celle de tous, qui fasse relief et vous sorte de la foule sans effigie qui vous environne, a son importance.

L'attention qu'on vous porte est un acheminement vers l'envie de faire votre connaissance. Vous n'êtes plus l'anonyme, l'ignoré, qu'on coudoie mais qu'on ne voit pas. Votre souvenir fait partie de la mémoire d'autrui; votre présence intrigue, impressionne ; vous n'avez qu'un mot à dire pour faire oublier les protocoles, pour rapprocher les distances et dissiper la morgue ou la réserve que l'on montre aux inconnus.

Dans un curieux article : *La Barbe et l'Idée*, paru dans *le Journal*, M. Paul Adam, auquel rien n'est étranger, qui sait dans les causes infinitésimales percevoir des effets échappant, malgré leur évidence, à nos observations imparfaites, nous expose avec son art habituel, en évoquant les types physionomiques des siècles passés, l'action que produit l'homme extérieur sur la pensée de celui qui le regarde. « Donc, il n'est guère oiseux, dit M. Paul Adam, de disserter sur l'art de composer le masque de chacun. Selon l'aspect, il influence différemment la clientèle du médecin et du négociant, les soldats de l'officier, les électeurs du candidat, les nymphes du faune. Contemplez un instant les photographies des orateurs politiques. Avec sa moustache de vétéran, ses cheveux écourtés pour l'alerte qui ne permet pas une toilette longue, avec son air libre, sain, audacieux, M. Clemenceau imprime en nous, dès sa présence, la curiosité d'un combat prochain. Nous l'attendons agressif, net, dégourdi, vivace. Encadrée dans sa barbe, la face massive de M. Jaurès inspire, au contraire, le respect de la science qu'il va révéler, de la religion qu'il va prêcher. Il est éminemment le prêtre de la civilisation méditerranéenne, celui qui, sous les symboles des fables, enseignait la morale, les nombres, l'astronomie, la politique. L'hiératisme semble son fait. Du reste, il fonde la religion du socialisme. Il en consolide les dogmes. Il transforme une idée, le collectivisme, en sentiment obscur, universel et véhément. Cela même fut l'œuvre de tous les pontifes. A la raison il substitue la foi. Les unifiés déjà laissent prévoir le fanatisme d'un clergé. M. Clemenceau incarne le positivisme et

M. Jaurès l'idéalisme. L'un s'attaque aux faits exacts. L'autre vante le paradis d'un cantique. Celui-ci rêve. Celui-là mesure. »

Ainsi le physique opposé de ces deux hommes suggère à l'écrivain la nature et la valeur des qualités qui les différencient. Par l'aspect de leur physionomie, il prévoit les actes auxquels l'un et l'autre sont pour ainsi dire assujettis.

Plus loin, l'auteur recommande aux hommes encombrés d'une grosse tête, la barbe courte qui diminue l'ampleur du visage et rétablit les proportions. L'homme à tête mince, en se rasant, mettra son profil en valeur. Celui qui a le visage trop maigre dissimulera cet inconvénient en se laissant pousser la barbe. De même le chauve gagnera en magnificence en gardant une toison fluviale. Le svelte et le grand peuvent la laisser croître sans nuire à leur prestance. Le court et le gros doivent restreindre son exubérance, afin de ne pas augmenter le volume de la tête et éviter ainsi une disproportion trop marquée avec le buste.

M. Paul Adam ajoute : « Il importe que chacun, loin de suivre aveuglément la mode en ces choses, s'enquière, avant tout, de ce qui sied au total de son être physique et spirituel. Que le mince s'arroge l'allure leste, le veston et la figure glabre. Que le gras s'impose la posture digne, la jaquette et la face barbue. Que l'étique se nantisse d'agilité, de redingote et d'une barbiche. Ils seconderont ainsi les vertus déterminées physiologiquement par leur nature matérielle. Le mince sera le combatif ou l'amant. Le gras sera le sage, le voluptueux et le prêtre. L'étique sera l'apôtre et le révolté. Trois types essentiels dans la société, afin qu'elle s'améliore par la discussion de ses principes et l'antagonisme fécond de ses facultés. »

Que votre regard soit franc et droit, apprenez à fixer sans impertinence, plutôt avec intérêt et courtoisie; à supporter fièrement mais sans arrogance le regard des autres. Ne remuez pas les paupières, une paupière mobile enlève au regard son pouvoir fascinateur. Faites des exercices gradués devant votre miroir, en vous regardant fixement entre les deux yeux, à la racine du nez, d'abord pendant quelques minutes, ensuite pendant dix et quinze minutes. Vous arriverez rapidement à posséder un regard énergique, d'une fixité impressionnante, dont l'influence sera considérable et qui décidera de la victoire dans maintes occasions.

Surveillez vos gestes; le geste complète la parole et donne plus de vigueur à la pensée, à condition qu'il soit judicieusement employé. Ne remuez pas tout le buste en parlant, n'agitez pas les bras, comme le ferait un homme qui se noie, vous seriez la risée de votre auditoire. Le plus souvent un léger signe de tête, une seule main levée à propos suffira à souligner votre phrase, à lui donner tout son relief. Pas de gestes brusques et saccadés, ou encore n'imitez pas ces gens qui n'ont qu'un seul geste et l'utilisent dans toutes les circonstances; rien n'est plus disgracieux que cette uniformité. Que vos mouvements soient harmonieux et correspondent aux sentiments que vous exprimez.

Dans un livre paru en 1907 chez l'éditeur Perrin, M. Dard a réuni en connaisseur sagace, en juge éclairé, les principaux écrits du célèbre conventionnel Hérault de Séchelles. Quelques unes des meilleures pages de ce livre sont consacrées à la déclamation. L'auteur se docu mentait auprès des grands acteurs de son temps : Lekain, Larive, Gerbier, la Clairon, etc. Je résume plusieurs remarques sur le geste puisées à cette source et susceptibles d'intéresser.

Les gestes sont plus faciles quand le corps est incliné. Les gestes à mi-corps sont nobles et gracieux. Ils doivent précéder les sentiments que l'on veut exprimer.

« Le geste est le mouvement du bras et non pas de la main. » Evitez donc d'agiter les mains en parlant.

En réduisant le nombre des gestes, vous les rendez plus simples, ils produisent davantage d'effet.

« Le geste multiplié en petit est maigre. Le geste large et simple est celui d'un sentiment vrai. C'est sur ce geste que vous pourrez faire passer un grand mouvement. »

Ne laissez tomber votre bras complètement qu'à de rares intervalles, mollement et sans saccade. Ouvrir les bras vaut mieux que de les porter devant soi.

« Changez avec soin la tête de place, et pour cela changez les pieds. Mettez quelquefois la tête dans les épaules, changez la position du corps, vous changez la tête. »

« Les doigts ouverts et écartés annoncent l'étonnement, l'admiration, la surprise ; y joindre aussi l'élévation de la poitrine qui se dilate pour recevoir l'idée qui la frappe. »

La question du vêtement est d'une très grande importance. Les gens superficiels, et c'est la majorité, ne jugent les hommes que sur leur apparence extérieure. L'ignorant bien habillé est mieux vu, plus facilement accueilli que l'intellectuel qui se néglige. La négligence dans la toilette est d'ailleurs un défaut aussi inexcusable que la négligence dans les affaires, elles dérivent souvent l'une de l'autre. Il n'est pas nécessaire d'être riche pour être correctement vêtu. La correction n'est pas le luxe. Pourvu que votre vêtement ne soit pas de coupe trop ancienne, qu'il ne soit ni râpé, ni taché, vous aurez un aspect convenable qui préviendra en votre faveur. Veillez à votre linge, il doit être d'une blancheur irréprochable; gardez-vous d'avoir un chapeau fatigué, une cravate défraîchie, des chaussures éculées, soignez vos dents et vos mains; ne portez pas les cheveux trop longs ni une barbe en désordre. Si vos moyens vous le permettent, soyez élégant, d'une élégance de bon goût, sans exagération, avec bienséance; ne devancez pas la mode, ne cherchez pas à lancer des cravates et des gilets inédits; laissons ce soin aux oisifs dont le bon public se gausse. Soyez, en un mot, de tenue irréprochable; que ceux qui vous approchent n'aient pas l'impression que vous êtes obligé de tirailler pour l'achat d'une douzaine de faux-cols; vous n'auriez aucun crédit auprès d'eux. On n'accorde pas sa confiance à un homme que l'on sent incapable de gagner les quelques francs nécessaires à l'acquisition d'objets de première nécessité.

Que votre bonjour soit cordial, votre poignée de main chaleureuse. Montrez à l'ami ou au client que vous abordez que vous êtes heureux de le rencontrer; informez-vous de sa santé, de celle des siens, si vous leur avez été présenté antérieurement. Parlez-lui de ses affaires avec sollicitude, sans cependant dépasser les bornes de la discrétion; écoutez-le avec intérêt. Il faut que cette entrevue de quelques minutes le laisse ravi et satisfait et qu'il ait le désir de la renouveler le plus souvent possible. Ceci prouvera votre pouvoir d'attraction et de subordination des autres à votre influence.

Je ne crois pas mieux devoir terminer qu'en citant l'énumération des chapitres d'un livre paru il y a quelque dix ans à Boston, livre intitulé : *Se pousser au premier rang ou le succès à travers les difficultés*, par M. Orison Swett Marden.

Voici cette énumération :

I. — N'attendez pas le moment favorable, **créez-le**.

II. — Que l'on donne à un jeune homme de la résolution et l'alphabet, et nul ne saurait prévoir où s'arrêtera son succès.

III. — Ne perdez jamais une minute de votre temps ; si un homme de génie tel que Gladstone porte toujours un livre dans sa poche, par crainte de laisser échapper un instant de sa vie, à quoi ne devra pas recourir un homme ordinaire pour éviter les pertes de temps ?

IV. — N'ayez d'autre préoccupation que celle de vous choisir une carrière. « A quoi êtes-vous bon ? » C'est la question du siècle.

V. — Concentrez votre énergie sur un seul but immuable. Ne traînez pas en hésitations vaines. Ne pensez pas à différentes choses, mais à une seule obstinément.

VI. — Ne perdez pas votre temps en rêveries sur le passé ni l'avenir, mais soyez attentifs à saisir le moment présent.

VII. — Soyez de bonne humeur et accoutumez-vous à trouver la vie amusante.

VIII. — Ayez de belles manières. L'homme qui a de belles manières peut se passer de richesse : toutes les portes lui sont ouvertes, et partout il peut entrer sans payer.

IX. — Le talent le plus haut ne vaut pas le tact et le sens commun. Dans la course de la vie, c'est le sens commun qui seul donne accès sur la piste.

X. — Ayez du respect pour vous-même, et de la confiance en vous : c'est le meilleur moyen d'en inspirer aux autres.

XI. — « Travaille ou meurs ! » c'est la devise de la nature. Si vous cessez de travailler, vous mourrez intellectuellement, moralement, physiquement.

XII. — Ayez du caractère, c'est du caractère que vient le succès.

XIII. — Soyez passionnés pour l'exactitude : vingt choses à moitié faites n'en valent pas une bien faite.

XIV. — Votre vie sera ce que vous en ferez. Le monde nous rend ce que nous lui donnons.

XV. — Apprenons à tirer profit de nos échecs.

XVI. — Rien ne vaut l'obstination. Le génie hésite, tâtonne, se fatigue ; mais l'obstination est sûre de gagner.

XVII. — Assurez-vous une santé solide et une

longue vie. La première condition du succès est d'être « un animal de première classe ».

XVIII. — Soyez brefs ; abattez toute affaire en un tour de main.

A mon avis, ce laconique et simple sommaire constitue la plus belle ligne de conduite qu'il soit possible de donner au jeune homme moderne. Il est regrettable que le livre de M. Marden n'ait pas été traduit en français. J'ai tenté, dans la faible mesure de mes moyens, d'en commenter plusieurs chapitres.

DEUXIÈME PARTIE

LES MOYENS

I

COMMERCE — SPÉCIALITÉS

Les meilleures professions. — Ce que peut faire une femme seule et pauvre. — Les ressources dédaignées. — Qualités requises pour faire un bon commerçant. — L'art de faire un étalage et d'attirer les clients. — Le spécialiste. — Du choix des noms de spécialités. — Le fabricant doit suivre le goût de sa clientèle.

J'ai expliqué les diverses qualités qui permettent à l'homme d'arriver à la fortune. Dans les chapitres qui vont suivre, nous étudierons les moyens les plus favorables à cette accession.

Du domaine de la pensée, nous allons passer dans celui des faits et trouver ici, comme nous avons trouvé ailleurs, des méthodes d'action sans lesquelles il n'est pas de succès possible.

Je demanderai à la voix autorisée du grand chimiste Berthelot la confirmation de cette vérité.

« A l'avenir, dit-il, dans l'ordre politique comme dans l'ordre des applications matérielles, chacun finira par être assuré qu'il existe des règles de conduite fondées sur des lois inéluctables, constatées par l'observation, et dont la méconnaissance conduit les peuples, comme les industriels, à leur ruine. »

Pour ne pas allonger outre mesure cette étude, je ne m'occuperai pas de chaque profession en particulier; beaucoup, parmi elles, ne conduisent que très difficilement à la fortune et exigent une somme d'efforts considérable. Parmi les meilleures, on peut citer, sans pouvoir épuiser la liste qui serait très longue, les professions suivantes : bijouterie, bonneterie, brasserie, cordonnerie, distillerie, entrepreneurs, filature, imprimerie, minoterie, raffinerie et en général tous les commerces d'alimentation et l'industrie.

Une profession, dans laquelle vous êtes seul à produire, ne donnera évidemment pas les résultats que procure celle qui emploie de nombreux ouvriers, chaque ouvrier fournissant sa part de bénéfices. C'est pourquoi les industriels et les fabricants arrivent assez rapidement à s'enrichir. Le personnel qu'ils occupent contribue pour une large part à cette heureuse conclusion. Edifier sa fortune en profitant du travail des autres est le meilleur procédé connu.

Néanmoins, si vous êtes habile, si vous avez de l'initiative, de la perspicacité, le sens de l'actualité, vous pourrez, même seul, gagner de l'argent; quitte à vous servir des premiers gains pour vous assurer les concours nécessaires à l'extension de votre richesse. Ce sont les pas du début les plus difficiles; la mise en route effectuée, cela ira tout seul.

Il y a quelques années, une revue populaire citait le cas d'une pauvre femme qui, ne sachant que faire, se mit à ramasser les écorces d'orange qu'elle trouvait sur la voie publique. Elle vendait ces écorces à un distillateur qui en faisait d'excellent curaçao. Voyant que le kilogramme de ces écorces se payait un assez bon prix et que l'écoulement en était facile, notre héroïne s'adressa à plusieurs femmes, comme elle dans la misère, et leur offrit quelques sous par jour pour ramasser également des écorces d'orange, dans les quartiers éloignés où elle ne pouvait aller elle-même. Bientôt la récolte se chiffra par quintal; la femme ingénieuse qui avait trouvé cette source inattendue de profits, eut dix, vingt, trente ramasseurs d'écorces, un magasin pour loger sa marchandise, un garçon avec cheval et voiture pour la livrer, et un comptable pour tenir ses livres. Elle était sauvée et riche. Aujourd'hui, allez dans les carrefours, sur les boulevards, dans les fêtes où se vendent les oranges, vous ne trouverez plus sur le sol autant d'écorces qu'autrefois, parce que trop de gens en connaissent maintenant la valeur marchande. Voilà un exemple typique du parti qu'il est possible de tirer des moindres choses, à condition d'avoir du flair et de s'y prendre à temps.

Pourquoi les chiffonniers en gros gagnent-ils de l'argent ? Parce qu'ils achètent au détail, à bas prix, des marchandises considérées comme n'ayant aucune valeur, et qui se vendent en gros relativement cher. Qu'y a-t-il de plus insignifiant qu'un morceau de papier froissé, un bout de ficelle boueux ? Pourtant ces bouts de ficelle ensachés, ce papier enpaqueté, constituent une marchandise qui se vend par tonne à un prix rémunérateur. De même les vieux métaux, les déchets de caoutchouc, etc...

Pour que vos affaires soient prospères, pour que votre entreprise réussisse, à quelque genre qu'elle appartienne et quelle qu'en soit l'importance, il vous faut avoir de l'ordre : l'ordre est la qualité maîtresse, la clef de voûte qui soutient l'édifice et permet son exhaussement graduel. Fussiez-vous millionnaire, si vous n'avez pas d'ordre, vos millions fondront comme neige au soleil, et vous marcherez à la ruine, d'un pas rapide autant qu'irrémédiable.

Après l'ordre, vient la loyauté. Vous devez inspirer confiance, mettre votre point d'honneur à remplir tous vos engagements, à ne duper personne, à mériter une réputation d'irréprochable probité.

« Il y a deux sortes de commerce, le bon et le mauvais commerce. Le commerce honnête et loyal, le commerce déloyal et frauduleux. Le commerce honnête, c'est celui qui ne fraude pas, c'est celui qui livre aux consommateurs des produits sincères, c'est celui qui cherche avant tout, avant même les bénéfices d'argent,

le plus sûr, le meilleur, le plus fécond des bénéfices, la bonne renommée. La bonne renommée, messieurs, est aussi un capital. Le mauvais commerce, le commerce frauduleux, est celui qui a la fièvre des fortunes rapides, qui jette sur tous les marchés du monde des produits falsifiés ; c'est celui, enfin, qui préfère les profits à l'estime, l'argent à la renommée. »
Victor Hugo.

Le lecteur sera sans doute étonné de voir la signature du poète de *La Légende des Siècles* au bas des lignes que je viens de citer. Elles sont extraites d'un discours prononcé par Victor Hugo à la Chambre des Pairs, à propos d'un projet de loi relatif aux marques de fabrique, et font partie du volume : *Avant l'exil*. (Rouff et Cie, éditeurs.)

Elles prouvent qu'il n'y a pas de démérite, même pour le génie qui montre l'exemple, à s'occuper des questions pratiques de la vie ordinaire.

La bonne renommée étant « le plus sûr, le meilleur, le plus fécond des bénéfices », vous iriez à l'encontre de vos intérêts en ne mettant pas tous vos soins à la mériter.

Si vous êtes commerçant, votre première préoccupation sera de veiller à votre étalage. Une marchandise bien présentée est à moitié vendue. N'épargnez pas la lumière; le public, comme les papillons, la recherche. On ne s'arrête pas devant un magasin mal éclairé, on s'écrase devant des vitrines rutilantes, aux feux savamment combinés, on admire et on entre.

Étiquetez vos articles, c'est essentiel; sur dix clients possibles, neuf n'entrent pas parce qu'ils ignorent le prix qu'ils paieront; ils craignent une trop grosse exigence de la part du marchand, ils préfèrent s'abstenir de demander le prix plutôt que d'être obligés de se retirer en avouant que c'est trop cher. C'est reconnaître implicitement qu'ils ne sont pas assez riches, et c'est un aveu que bien peu aiment à faire, même à un étranger. C'est à ce procédé, qui n'était pas encore en usage dans la Nouveauté, que Boucicaut, le fondateur du *Bon Marché*, dut le commencement de sa colossale fortune. Renseignez donc, le plus possible, le passant, le désœuvré, la ménagère qui s'arrêtent à votre vitrine, qu'ils sachent à l'avance la somme qu'ils doivent débourser; cela supprime les hésitations et facilite l'entrée de vos magasins. On sait qu'il n'y a pas de surprise à craindre, on s'habitue à votre seuil, on revient chez vous parce qu'on vous connaît déjà.

Ne laissez pas trop longtemps les mêmes articles à l'étalage, variez-en souvent la disposition, appliquez-vous à y mettre un peu d'art ; la curiosité, l'intérêt, sont des appâts que le commerçant habile doit utiliser. Certaines étiquettes, telles que : *Occasion exceptionnelle. — Dernière création. — Modèle exclusif*, etc...; de jolis noms empruntés le plus souvent à l'actualité, à la pièce en vogue, à l'homme en vedette, produisent une influence favorable sur le public.

Ne cachez pas vos marchandises au fond des comptoirs, ne les empilez pas sur des rayons trop hauts, d'où il est impossible de les voir. Placez-les au contraire en évidence, afin que les acheteurs puissent facilement se rendre compte de leur fraîcheur ou de leur qualité.

Lorsqu'une personne se présente dans votre magasin, ne la laissez pas s'égarer seule au milieu de vos comptoirs, en quête d'un employé à qui soumettre sa demande. Si vous n'avez pas de commis et que vous soyez occupé avec un autre client, invitez-la à s'asseoir en vous excusant de la faire attendre. Soyez prompt à servir, vous pouvez avoir affaire à quelqu'un de pressé que votre lenteur et l'abondance de vos explications irritent.

N'imposez jamais vos goûts. Laissez le client libre de ses appréciations, ne le harcelez pas de sollicitations gênantes, dans le but de lui vendre telle marchandise plutôt que telle autre, et, quand il réclame un objet en précisant la forme ou la nuance de cet objet, ne dites pas : « Cela ne se fait plus », ou « Ce n'est pas la mode », car vous lui décernez ainsi un brevet d'ignorance ou de vulgarité qui est loin de lui plaire.

Adoptez le prix-fixe, afin de ne pas être dans l'obligation de ruser avec l'acheteur, à l'instar des ménagères au marché ; afin de ne pas lui mentir sur la modicité de vos bénéfices, question dans laquelle il n'a rien à voir.

Montrez à tous une égale prévenance, quelle que soit la mise des gens ou l'importance de leur acquisition. Celui qui ne vous verse que cinquante centimes aujourd'hui, peut très bien, demain ou dans huit jours, faire un achat de deux cents francs.

Quand l'objet demandé n'existe pas dans vos rayons, manifestez-en le regret et exprimez l'espoir d'être plus heureux une autre fois. Ne marquez pas de mauvaise humeur de votre dérangement, restez courtois et souriant. Il ne faut pas que le client sorte de chez vous sur une mauvaise impression, il ne reviendrait pas.

Le créateur d'une spécialité, que ce soit une eau dentifrice quelconque, une confiture de ménage, une liqueur inédite, une eau de beauté, une poudre universelle, doit chercher à sa spécialité un nom sonore, très court, facile à retenir, et qui puisse rester dans la mémoire comme une obsession. Point n'est besoin que ce nom ait un rapport avec la chose qu'il représente, cela vaut mieux quand c'est possible, mais ce n'est pas obligatoire. La recherche de l'originalité ne doit cependant pas aller jusqu'à la bizarrerie ou le rébus; il faut savoir s'arrêter à temps et ne pas tomber dans l'incompréhensible. Joseph Bardou, le grand fabricant de papier à cigarettes qui utilise le point séparant ses deux initiales pour en faire le mot : « Job », a eu une inspiration heureuse. Il existe à l'étranger une eau dentifrice, d'ailleurs excellente, d'une très grande réputation. Son créateur, chimiste distingué, l'a baptisée : *Odol*. C'est, selon moi, le modèle du genre. Odol est une très belle trouvaille; c'est sonore, c'est court, ça entre dans la mémoire pour ne plus en sortir.

Un nom exotique est parfois intéressant, car bien des personnes s'imaginent, à tort, que ce qui vient de l'étranger est préférable à nos marques françaises.

Défiez-vous des noms à la mode : ils passent et les produits, comme les noms, s'en ressentent, ils deviennent démodés à leur tour.

Le fabricant doit s'enquérir des goûts et des besoins momentanés ou permanents du public et ne jamais aller contre, quand bien même ces goûts et ces besoins seraient contraires à la plus élémentaire raison. Il ne doit pas s'occuper de ses préférences, mais de celles des autres, de celles des acheteurs. Il doit simplifier les choses, les mettre à la portée des plus inhabiles, tout en leur donnant une forme élégante... à moins que la clientèle ne réclame, comme cela arrive fréquemment, des choses compliquées, des objets de forme inesthétique, d'aspect disgracieux et de goût équivoque. Dans quel cas il n'a qu'à s'incliner et à produire.

II

LES PETITS MÉTIERS

Quelques indications à la portée des moins riches. — La noblesse et la valeur de l'effort. — Comment on arrive. — Exemple d'un camelot devenu millionnaire. — M. Whiteley, l'*universal provider*. — Conseils autorisés.

Mais, me direz-vous, jusqu'à présent vous nous avez parlé de gens, commerçants, spécialistes, fabricants, qui ont déjà un capital et sont à même de le faire fructifier ; mais ceux qui n'ont rien, comment s'y prendront-ils pour faire fortune, et pouvez-vous nous indiquer ce moyen ? Parfaitement. Je vous prierai d'abord de vous reporter à la ramasseuse d'écorces d'orange dont je parle plus haut ; c'est un exemple, les écorces d'orange peuvent être remplacées par autre chose ; par des bouchons qui se vendent bien et que l'on jette ordinairement; par des os, par tout ce que l'imprévoyance humaine abandonne sur la voie publique. Saviez-vous que les chardons sont utilisés dans certaines industries ? Les chardons ont donc une valeur. De même les coquilles d'huître broyées qui servent à la nourriture des volailles et augmentent la ponte des canes et des poules. Ces coquilles se vendent jusqu'à 15 francs les 100 kilos. Saviez-vous que les prunelles qui poussent dans les haies peuvent faire une boisson de goût assez agréable ? Oui peut-être. Eh bien ! fabriquez de cette boisson qui ne coûte rien et allez l'offrir, en été, autour des chantiers où l'on travaille dur et ferme, vous trouverez facilement amateur. Vous gagnerez peu, mais vous gagnerez tout de même, vous finirez par avoir un petit capital. Ce petit capital, si vous êtes habile, si vous savez dénicher les bonnes occasions, grossira tous les jours un peu plus ; avec de la ténacité, du courage, il augmentera encore, vous permettant d'élargir votre champ d'action et de donner libre cours à votre initiative. « Un peu mis avec un peu, si la chose se répète, fera bientôt beaucoup », disait le vieil Hésiode. D'échelon en échelon, lentement mais sûrement, vous gravirez, je ne dis pas sans fatigue, sans luttes, sans les déceptions inévitables de la vie, le sommet que vous vous étiez assigné pour but, vous toucherez le salaire de peines vaillamment surmontées, vous serez riche, ainsi que vous rêviez de l'être.

Bien des fortunes ont eu des origines aussi obscures; les artisans de ces fortunes ont droit d'en être fiers. Elles sont la démonstration de leur ténacité, de leur énergie, de leur valeur. Elles dénoncent les vertus de leur propriétaire : l'ordre, l'épargne, la conduite. Elles représentent une somme d'efforts devant laquelle nous devons nous incliner. « L'effort est la seule noblesse de l'homme ! L'effort porte en lui-même sa propre récompense ! Le résultat n'est bon que quand il a coûté, et en proportion de ce qu'il coûte. » EDMOND HARAUCOURT.

Dans *les Minutes Parisiennes* (Ollendorf, éditeur), M. Gabriel Mourey exprime la même idée : « Tout effort humain, si infime que soit son but, pare l'être qui l'accomplit de noblesse et de beauté. Dans le geste du travailleur, quel qu'il soit, se manifeste la force organisatrice de la vie. Il n'est point de travail manuel qui n'ait son rythme et son harmonie. Elle s'en dégage, cette harmonie, souvent émouvante, toujours logique et sincère. Elle est spontanée, elle est prime-sautière ; elle est puissante d'être depuis tant d'années, depuis tant de siècles, depuis des générations et des générations, en parfaite conformité avec les besoins et les facultés de l'espèce. Le bras du semeur qui, rythmiquement, lance dans les sillons le germe des moissons futures, a la majesté d'un geste sacerdotal. Décomposez la série des mouvements que fait un manœuvre chargeant des fardeaux et les déchargeant ; il n'en est pas un où ne resplendisse la beauté de l'effort. Qu'il ait une pièce de bois à dégrossir ou une pierre fine à graver, la lutte de l'homme contre la matière qu'il veut dompter a quelque chose de grandiose et d'altier. »

Que le lecteur se souvienne toujours de ces lignes éloquentes, elles lui rappelleront que l'aristocratie des mains calleuses peut être opposée sans humilité à toutes les autres, et qu'il n'y a que les esprits étroits, les cerveaux farcis de préjugés périmés pour y voir une différence.

Le choix du travail à faire est subordonné aux aptitudes de chacun, aux lieux, aux époques. C'est à l'homme intuitif et clairvoyant de savoir trouver la recette ou le travail le plus productif. Surveillez les besoins du public : public d'ouvriers aussi bien que public d'oisifs; l'homme, à quelque condition qu'il appartienne et quel que soit le motif qui le fait agir, recherche partout le minimum d'effort. Epargnez-lui l'effort en vous plaçant comme intermédiaire, soyez un trait d'union entre le désir et l'objet convoité, vos services seront toujours agréés, vous pourrez même devenir indispensable. L'humble camelot, autant que l'industriel ou le commerçant, doit être un psychologue avisé, un sagace observateur; il doit rapidement se rendre compte du parti qu'il est possible de tirer de telle ou telle habitude sociale, de tel engouement, de telle manie, de telle sottise. Il doit être serviable, empressé, éloquent, débrouillard. S'il est économe par-dessus le marché, il fera fortune, peut-être aussi vite qu'un capitaliste.

L'histoire suivante que j'emprunte au livre de M. A. Coffignon : *Le Pavé Parisien*, très curieuse et intéressante étude sur les camelots, en est la preuve.

« Il y a une vingtaine d'années *(Le Pavé Parisien* parut vers 1885), un agent de police qui passait le long d'un terrain vague, situé à l'angle de l'ancienne rue Taranne et de la rue des Saints-Pères, à l'endroit même où se trouve aujourd'hui le boulevard Saint-Germain, remarqua un camelot qui s'efforçait de vendre quelques articles aux passants. Il lui demanda d'exhiber l'autorisation en vertu de laquelle il vendait dans les rues et, comme le camelot n'en était pas muni, il le conduisit chez le commissaire de police.

« Au commissariat, le camelot fut amené devant le secrétaire, pour être interrogé. Ce secrétaire était M. D..., qui vient d'être retraité comme commissaire de police de la ville de Paris. Au cours de l'interrogatoire, le secrétaire et le camelot reconnurent qu'ils étaient du même pays; tout aussitôt, ledit interrogatoire se transforma en une causerie amicale ; le camelot fut remis en liberté et partit avec l'assurance de ne plus être inquiété à l'avenir.

« Cette arrestation et cette rencontre décidèrent de la fortune du camelot. Après avoir vendu quelque temps dans les rues de Paris, il se fit *chineur*, puis *soldeur*. Ce fut lui qui eut la première idée de s'installer dans une boutique à louer pour mettre en étalage les articles provenant de ses soldes.

« Ses affaires prospérant, il fonda un bazar rue d'Amsterdam, en face la gare Saint-Lazare. Il abandonna dans la suite cet emplacement pour la rue de Rivoli, et l'on sait quelle extension prodigieuse a pris le bazar de l'Hôtel-de-Ville. »

La vie de M. Whiteley, l'*universal provider* de Londres, mystérieusement assassiné au commencement de l'année 1907, est également à citer comme une remarquable démonstration de ce qu'est capable de faire un homme d'initiative, ambitieux, persévérant, énergique. Sans prétendre atteindre le résultat obtenu par ce commerçant extraordinaire et supérieurement doué, nous pouvons tirer des lignes suivantes, parues dans le journal *Le Temps* du 26 janvier 1907, des indications particulièrement intéressantes.

« L'histoire de M. Whiteley est en effet curieuse à plus d'un titre. Il était né le 29 septembre 1831, dans une petite ferme, près de Wakefield. Le voisin de ses parents était drapier; il reçut le jeune William comme apprenti.

« Mais l'ambition dévorait William. Quand il eut vingt ans, l'année même où Londres tenait sa fameuse exposition universelle, il vint dans la capitale. Il s'y fit employer par divers drapiers de la Cité, resta quatre ans à étudier le marché, revint au village natal comme associé de son ancien maître, mais ne resta à Agbrigg que quelques semaines. Il avait subi la séduction de Londres, il devait y faire sa vie. Avec 17 000 francs d'économies péniblement amassées, il finit en 1863 par prendre, au 31 de Westbourne Grove, la succession d'un petit détaillant. Ce devait être la maison mère des immenses établissements Whiteley, qui occupent aujourd'hui trente-six immeubles et ont peu à peu absorbé tout ce coin de quartier, au nord de Bayswater road.

« Whiteley commença avec deux employés et un groom. Il avait hier sous ses ordres plus de six mille personnes. Et les 17 000 francs de capital se sont en quarante ans transformés en quarante-cinq millions.

« Whiteley avait non seulement une énergie exceptionnelle et un sens précis des affaires, mais il jouissait par-dessus tout d'une audace et d'une fertilité d'imagination peu communes. Ce fut lui qui prit cette fameuse formule : *universal provider* (pourvoyeur universel), qui devait faire son succès. Il prétendait en effet pouvoir procurer à ses clients tout ce qu'il est humainement possible d'obtenir avec de l'argent. La fable fut souvent racontée qu'Adam, arrivant ceint des feuillages du paradis terrestre et tenant en main un paquet de billets de la Banque d'Angleterre chez Whiteley, pourrait en ressortir non seulement vêtu à la dernière mode, mais marié, et locataire d'un appartement où la soupe fumerait sur la table. Au besoin même un yacht l'attendrait tout armé dans le plus proche port de plaisance.

« On mit sa forfanterie d'*universal provider* à l'épreuve. Un client lui demanda et obtint dans les vingt-quatre heures un éléphant. Un autre eut sur sa demande un cercueil d'occasion. Mais la plus curieuse commande qu'ait eu à

enregistrer le célèbre négociant fut celle d'un original qui demandait « un boisseau de puces « vivantes ». — « Mes employés me deman-
« dèrent ce qu'il fallait faire de cette com-
« mande. Je répondis : L'exécuter. J'envoyai
« aussitôt, raconte-t-il lui-même, chez M. Bar-
« tlett, le directeur du Jardin zoologique, et
« chez M. Jamrach, le grand marchand d'ani-
« maux sauvages. On fit la toilette des singes
« et on obtint ainsi un demi-boisseau de puces.
« Je le fis envoyer au client avec une note
« disant que c'était tout ce qu'il était possible
« de mettre de puces dans un boisseau, sous
« peine de les empêcher de respirer. Le client
« dut payer. »

« En dehors de ces ordres fantaisistes dont la réalisation découragea les mauvais plaisants, Whiteley procurait en effet tout ce qui est nécessaire ou même superflu dans l'existence. Le développement graduel de ses établissements avait fait des magasins un extraordinaire endroit. On passait du département des légumes verts à celui de l'ameublement, des jouets aux fromages, et de là par la pâtisserie, au rayon des cigares, etc. Whiteley exécutait les déménagements comme les aménagements, était agent en douane, assureur, cuisinier.

« Rien ne lui était étranger. En téléphonant chez lui on pouvait obtenir un médecin aussi facilement qu'un électricien ou un valet de chambre.

« Cette variété était devenue proverbiale dans le peuple anglais. On invitait à l'occasion un ministre en quête d'arguments à s'adresser à Whiteley qui ne manquerait pas de les lui fournir.

« Le développement de cette gigantesque industrie n'avait pas été sans incidents. Par quatre fois les établissements Whiteley furent incendiés, probablement par jalousie et malveillance.

« Les assureurs ayant fait des difficultés pour l'assurer à nouveau, il se fit son propre assureur, de même qu'il avait ses propres fermes d'élevage et de culture, sa propre blanchisserie. Whiteley avait des principes de négoce très stricts. Il payait comptant toutes ses commandes aux fournisseurs en gros. « Ajou« tez votre conscience à votre capital, disait-il « à ses employés, si vous voulez réussir dans

« la vie. » Et il ajoutait : « Faites de votre
« commerce la seule étude, la seule préoccu-
« pation de votre existence. Soyez d'une hon-
« nêteté scrupuleuse. Soyez justes envers tout
« le monde et vous ne craindrez alors per-
« sonne. »

« Il avait lui-même donné toute sa vie l'exemple d'un labeur intense. Malgré sa colossale fortune, c'est à son bureau, au centre des magasins, à côté du rayon de dentelles, que la mort est venue le trouver. Il était au travail tous les jours de dix heures du matin à sept heures du soir, malgré son âge, à l'exception du dimanche qu'il observait et faisait observer strictement à tous ses employés, ce qui lui fit renoncer à la vente du lait, qui doit être délivré le dimanche matin. Ce fut le seul article qu'il ne tint pas.

« Whiteley a raconté ses débuts : « Le
« 11 mars 1863, comme j'avais ouvert ma pe-
« tite boutique de mercerie assez tard, une
« dame entra. Je m'excusai du désordre et de
« l'heure tardive à laquelle j'ouvrais, en lui
« expliquant que c'était ma première journée.
« La dame me dit : « Je suis alors probable-

« ment votre première cliente ? » Sur ma ré-
« ponse affirmative, elle ajouta : « Alors vous
« me permettrez de faire une courte prière
« pour votre succès. » Et dans mon petit ma-
« gasin, devant mes deux employés et mon
« groom, un pauvre gosse ramassé l'avant-
« veille dans le ruisseau, cette dame fit une
« prière chaleureuse. Elle resta une cliente
« assidue et a porté bonheur à mes affaires. »

« En 1899, sa maison fut transformée en une compagnie au capital de 45 252 000 francs, produisant un revenu annuel de 2 500 000 fr. »

Les batailles de la vie, comme celles des armées, finissent toujours en victoires pour ceux qui savent y déployer du courage et de la stratégie. M. Hugues Le Roux, l'écrivain connu, l'infatigable voyageur, l'observateur averti, qui sait si bien allier dans son style la délicatesse du sentiment aux ardentes et fortes pensées, M. Hugues Le Roux, professeur d'énergie, commentait, il y a quelques années, dans *le Journal*, un livre paru aux Etats-Unis sans nom d'auteur, sous le titre significatif de : *Conseils d'un marchand à son fils*. Ces conseils sont précieux. Je demande à l'auteur dudit article la permission d'en citer quelques-uns au bénéfice de mes lecteurs :

« La première chose qu'une instruction, quelle qu'elle soit, doit donner à l'homme, c'est le *caractère*. Le savoir vient ensuite. Je désire fort que tu sois un écolier appliqué, mais je souhaite bien plus que tu sois un brave homme bien propre *(a good clean man)*. Et si tu finis tes classes avec une conscience saine, je ne me préoccuperai pas qu'il y ait des trous dans ton latin. »

« ...L'affaire n'est pas de savoir beaucoup de choses, mais de connaître une chose à fond et de savoir s'en servir. Voilà ce qui compte. »

« Quand tu commets une erreur, ne te la cache pas à toi-même. C'est dès le nid qu'il faut jeter les œufs pourris. »

« Rappelle-toi que, quand tu as raison, il t'est facile de rester maître de ton humeur. Quand tu as tort, tu te perds si tu te fâches. »

« Un homme de tact peut arracher le dard d'une guêpe sans se faire piquer. »

« Ceci est mon expérience : l'orgueil est un

éperon pour le fort et une cause de chute pour le faible. »

« Il faut te lever chaque matin renseigné sur ce que tu as décidé de faire, si tu veux te coucher content de toi. »

« Ce n'est pas ce qu'un homme fait pendant ses heures de travail qui démolit sa santé, mais la façon dont il s'occupe en dehors d'elles. »

« Ceci est un principe dont tu te trouveras bien : prends tout ce qu'on t'offre — surtout un emploi — sur-le-champ. J'ai toujours agi ainsi, particulièrement à mes débuts. Avec un ver on peut attraper un goujon. Avec un goujon pour appât on prend une truite, avec une truite une carpe, et alors tu as devant toi une pièce qui vaut qu'on l'écorche. »

« Peu importe que ce que tu fais soit considérable ou insignifiant. Tandis que tu le fais, c'est pour toi la chose la plus digne d'attention, l'unique chose du monde. Les affaires sont comme l'huile : elles ne se mêlent avec rien. »

« La dame qui a son portrait sur les dollars est la seule femme du monde qui soit parfaitement insensible. Si donc tu veux lutter à armes égales avec elle, il faut en toute affaire sérieuse mettre complètement de côté le sentiment. »

« La conversation d'un homme d'affaires doit être soumise à des règles, les plus simples de toutes, celles qui régissent l'économie de l'animal humain. Savoir :

« 1° Il faut avoir quelque chose à dire ;

« 2° Le dire ;

« 3° Se taire ensuite.

« Laisse le premier mot aux sots et le dernier aux femmes. »

« Celui qui ne peut observer des ordres ne pourra jamais en donner. »

« ...Hésite longtemps avant de prononcer un reproche ; et ne laisse jamais passer une occasion de dire une bonne parole. »

Le marchand qui parle ainsi sait à quoi s'en tenir sur le mobile et les ressorts cachés de la vie. C'est un sage, mettez ses avis en pratique, vous vous en trouverez bien.

III

LA PUBLICITÉ

La publicité, sa valeur incalculable. — Les peuples prospères s'en servent, les Français la négligent. — La réclame en Amérique. — Quelques curieux procédés. — Le but de la réclame. — Ce qu'elle doit être. — Nombreux exemples. — La couleur des affiches. — Rédaction et typographie du texte. — Les objets usuels dans la publicité. — Impressions produites par les annonces sur le lecteur de journaux. — La publicité est nécessaire à votre réussite.

L'ordre, la loyauté, l'initiative, l'économie, ne suffisent plus, comme autrefois, à assurer le succès aux fabricants, aux producteurs, aux commerçants. Un nouveau et puissant facteur a fait son apparition dans le monde des affaires, bouleversant les anciens usages, suscitant la concurrence, déplaçant la clientèle et donnant à la lutte pour la vie, à la bataille des intérêts, aux rivalités du négoce, une ardeur, une âpreté, un aspect inconnus jusqu'à ce jour. Ce nouveau facteur, c'est la réclame, la publicité, protéiforme, insinuante, persuasive et obsédante. Vieille à peine de trente ans, elle est déjà formidablement établie aux quatre coins du monde, et son empire s'accroît tous les jours. La France, tâtillonne et retardataire, n'a pas encore suffisamment reconnu la valeur exceptionnelle de cette nouvelle puissance. Elle est chez nous trop souvent dédaignée. A part quelques grandes maisons, faciles à compter, qui s'en servent parce qu'elles en ont compris la bienfaisante action, le commerce français en général la considère ou comme trop coûteuse ou comme parfaitement inutile et préfère s'en passer. D'où vient que les Anglais, les Américains, les Allemands ont acquis sur tous les marchés du globe une prépondérance indiscutable ? Pour une grande part, de l'usage rationnel qu'ils ont su faire de la publicité. Il suffit, pour s'en rendre compte, d'ouvrir les journaux et les revues de ces nations. Des pages entières sont consacrées à la publicité ; toutes les classes commerciales y insèrent des annonces : les moindres innovations, le plus petit événement touchant les affaires, la plus humble découverte y est signalée à l'attention du public et il faut croire que cette publicité n'est pas stérile, puisqu'elle ne se tarit jamais. Bien au contraire elle grandit et se développe tous les jours, augmentant la richesse et les débouchés des peuples qui l'exploitent.

« Selon H. Wisby (*Indépendent* de New-York, 4 février 1904), on dépense annuellement aux Etats-Unis 500 millions de dollars pour la réclame, soit plus de 2 milliards et demi de francs, à peu près ce que les grandes puissances européennes : Russie, Allemagne, France, Autriche, Espagne, dépensent pour leurs armées. En 1905, MM. Calkins et Holden nous disent que les estimations varient de 600 à 1 000 millions de dollars, soit plus de 3 à 5 milliards de francs.

« Le développement de la réclame va parallèlement avec celui du commerce. Avant la guerre civile, on signalait comme tout à fait fabuleuse une annonce de 3 000 dollars de la fabrique de balances Fairbank et C°. Aujourd'hui ce chiffre est ordinaire. La même maison dépense maintenant régulièrement environ 750 000 dollars (3 millions et demi de francs) par an pour sa réclame; elle est loin d'être la seule. La fabrique de savon « Sapolio » annonce ses produits depuis trente ans environ et, au début, consacrait seulement 30 000 dollars à ce but; aujourd'hui c'est mille dollars par jour. Les grands magasins de détail, genre « Bon Marché » ou « Louvre » à Paris, sacrifient, à New-York seulement, plus de 4 millions de dollars par an pour leur réclame dans les journaux. A Chicago, on se sert beaucoup de la poste pour des envois de réclames diverses, surtout des catalogues. Un de ces magasins de détail, « Sears Rœbuck et C° », répand dans le monde des catalogues pesant jusqu'à 4 livres et ayant 1 200 pages de 3 colonnes chacune. Et le port, pour l'expédition d'une seule édition de ce catalogue, coûte la somme fantastique de 640 000 dollars. » ALBERT SCHINZ, *Mercantilisme et Esthétique en Amérique*, LA REVUE, 1ᵉʳ juin 1906.

Cette publicité revêt parfois des formes qui nous paraîtraient, en France, exagérées ou inconvenantes. Voici deux procédés que je relève dans les journaux :

« Un jeune acteur, sur le point de débuter à

New-York, a reçu d'une agence de publicité une lettre où on lui proposait, pour jeter quelque éclat sur ses débuts, de simuler une attaque nocturne de son logis par des brigands, avec coups de revolver, traces de sang sur le plancher, le tout pour cent dollars. »

Vous voyez d'ici avec quel intérêt on aurait attendu l'entrée en scène du héros de cette ténébreuse aventure !

La seconde manière est moins sombre, jugez-en :

« Un commerçant de Boston a trouvé un nouveau moyen d'attirer l'attention des passants et de les forcer à s'arrêter devant ses vitrines. Derrière la vitre, il a mis des tortues portant chacune sur leur carapace une lettre de son nom. Cinquante francs à celui qui pourra voir les chéloniens rangés dans un ordre tel que le nom du commerçant puisse se lire, cinq francs à toutes les personnes qui signalent une tortue recouvrant la case de sa lettre respective. On s'écrase littéralement toute la journée devant les vitrines de l'habile commerçant. »

J'avoue que c'est pousser un peu loin la fantaisie de la réclame; d'autres moyens, plus sérieux, moins extravagants, peuvent être avantageusement utilisés.

Le but de la réclame est d'attirer, puis de retenir ensuite fortement l'attention de l'acheteur, afin qu'il y ait une répercussion suffisante dans sa mémoire, du nom ou de l'objet pour lequel est faite cette réclame. Les mots, les images, les couleurs sont employés dans ce but. En règle générale, il faut que l'attention soit éveillée immédiatement, sans nul effort cérébral de la part de l'intéressé. On peut, suivant les cas et la nature de la publicité, faire appel à un sentiment de curiosité, d'effroi, de tristesse, de mystère ou d'intérêt. Un seul mot en vedette, écrit en caractères gras, une formule concise ou spirituelle, des dessins violents ou volontairement simples conviennent également.

Voici quelques exemples qui peuvent être variés à l'infini :

JAMAIS

vous ne retrouverez les magnifiques occasions

en

Lingerie, Tapisserie, Draperie

OFFERTES PAR LA MAISON X..... ET Cie

ATTENDRE

que le mal ait profondément altéré votre organisme pour vous soigner est une imprudence, etc.

ON VOUS INVITE A DINER

chez DURAND, rue de la République, n° 16

Pour 1 fr. 25 centimes, on a droit à : etc.

L'inventeur d'un produit pour les cors s'adressera

A TOUS CEUX
QUI ONT DES PIEDS

pour vanter la valeur de son coricide.

VOUS IREZ LOIN

Si vous vous faites chausser à la Grande Cordonnerie DUPONT, rue de...

Je suis en parfaite santé

POURRIEZ-VOUS EN DIRE AUTANT ?

demande une annonce bien connue.

NE LISEZ PAS CETTE ANNONCE
si vous ne voulez pas connaître le meilleur... etc.

Profitez de l'actualité; en période électorale, dites :

14.812 voix

ne suffiraient pas pour célébrer la qualité du cirage... etc.

Suscitez la curiosité des gens en imprimant :

CE QU'ON VERRA AUJOURD'HUI LUNDI

ce sera la magnifique et attrayante Exposition des Grands Magasins du...

Tout le monde a lu l'ingénieux prospectus dans lequel l'auteur paraissait heureux de sa déconfiture :

ENFIN NOUS AVONS FAIT FAILLITE !

Exclamation inattendue, originale, qui dérange nos idées habituelles touchant les affaires commerciales et qui, pour cette raison, s'implante profondément dans notre esprit.

Une flamme fondue dans une caresse

me paraît être une formule heureuse pour vanter la saveur d'une liqueur célèbre.

Pour faire lire votre annonce, il ne vous sera pas défendu d'y mettre un peu de littérature, voire de l'esprit ou quelques mots se rapportant aux préoccupations du jour.

Qu'il me soit permis de mettre quelques modèles intéressants sous les yeux du lecteur :

CHEZ LES TISSERANDS

« Sur le seuil de la petite maison blanche, toute une armée de poules lustre ses plumes au soleil. A l'intérieur, un jeune homme est assis devant un métier à tisser : sur une traîne de soie sa navette jette de brillantes couleurs; une bonne vieille file au rouet. La fenêtre donne sur la route où passent des attelages de bœufs se rendant aux champs... »

N'est-ce pas charmant? L'amateur alléché continue sa lecture qui lui prouve, en manière de conclusion, l'excellence de la tisane américaine des Shakers.

La note sentimentale :

« Prière aux personnes qui pourraient fournir des renseignements sur un petit garçon d'une douzaine d'années, disparu du domicile paternel depuis le 1ᵉʳ novembre, de vouloir bien nous les adresser. Il portait un costume de velours noir garni de dentelle au col et aux manches, et répond au nom de Marius. Il a été vu ces jours derniers à la terrasse d'un café du boulevard, prenant un verre de Dubonnet. »

Le ton facétieux :

« Une nouvelle à sensation nous parvient des espaces interplanétaires : Saint Antoine, tant de fois tenté infructueusement, viendrait de succomber au monstrueux péché de la gourmandise.

« Le vénérable saint aurait, dit-on, dévoré

son ami... depuis le groin jusqu'à la queue, et interrogé par le père Eternel, indigné de son accès de goinfrerie, il aurait répliqué que son estomac se pouvait permettre de faire ripaille depuis que la Feuillantine, la liqueur des moines de l'abbaye de Limoges, était devenue son ordinaire. La justice céleste informe. »

L'esprit parisien :

« Joseph Prudhomme croit la société menacée. Et le voilà levant les bras au ciel s'écriant avec des larmes dans la voix : « Où allons-« nous ? Mon Dieu !... Où allons-nous ? »

« Gavroche, aussitôt, lui répond :

« — Où allons-nous, gros père ?... C'est bien simple : nous allons chez Bostock.

« Qui a raison, de Gavroche ou de Joseph Prudhomme ? C'est le premier, assurément. Et la preuve, c'est que Prudhomme suit Gavroche à l'Hippodrome. Il en revient avec une provision de gaieté et tout prêt à déclarer, avec le docteur Pangloss, que, somme toute, la vie est bonne et que tout est pour le mieux dans le meilleur des mondes. »

Pour les érudits :

AUTOUR DU MARIAGE

Opinions de Luther, de Socrate et de Bacon.

« Sur cette importance question, Luther a dit : « Jamais un homme ne fut heureux en prenant femme. » Socrate s'est exprimé ainsi : « Si vous vous mariez, vous vous en repentirez ; si vous ne vous mariez pas, vous ne vous en repentirez pas. » Bacon, l'homme le plus sage d'Angleterre, donne cet avis : « Si vous êtes jeune, ne vous mariez pas encore ; si vous êtes vieux, ne vous mariez pas du tout. » Si vous ne suivez pas les conseils de ces trois sages et si vous décidez de vous marier, prenez une femme qui soit en bonne santé. Le plus fertile élément de discorde est le mauvais état de santé. Celui qui est malade n'est pas gai, il est nerveux, contradictoire, il rend la vie impossible à tous ceux qui l'entourent. Aussi les Pilules Pink sont-elles indispensables dans toutes les familles, dans tous les ménages, etc... »

La note élégante :

« Le pas froufroutant d'une femme nous appelle, son regard nous accueille, mais son parfum nous enveloppe. Les parfums les plus enveloppants sont les créations de Pinaud, la Brise embaumée, etc... »

L'actualité en réclame :

M. PICHON A TUNIS

« M. Pichon, accompagné de son chef de cabinet et du commandant Barra, s'est rendu chez le prince héritier Mohamed, qui l'a reçu dans son palais de la Marsa. Notre ambassadeur, qui a reçu l'accueil le plus sympathique, a été émerveillé des splendeurs orientales qui ornent ce palais : tapis, broderies, panoplies, comme on en trouve seulement « Au Mikado », 41, avenue de l'Opéra. »

Vers la fin de septembre, quand arrive

l'époque de la libération des militaires, faites paraître en vedette le mot :

LA CLASSE

Vous êtes sûr d'être lu par les deux ou trois cent mille personnes que l'événement préoccupe : soldats, parents, amis et amies des intéressés, et vous dites :

« La classe ! Dans toutes les casernes, du Nord au Sud, ce cri a retenti. De toutes nos gares se déverse dans Paris une foule joyeuse aux uniformes bariolés ; et maintenant : A la Belle Jardinière ! En moins d'une heure, le militaire d'hier en sort transformé en élégant civil, vêtements, chapeau, linge, chaussure, tout y est. »

La poésie n'est pas interdite, citons ce quatrain :

RAMÈNE LES ÉGARÉS...

Mes pauvres chairs flottaient, tels d'anciens étendards
Sans gloire. Et, maintenant, solides, blanches, fermes,
Grâce aux sucs du Congo, sauveur des plus vieux
[dermes,
Elles vont, sans soutiens, sans corset et sans fards.
Athénaïs de F... au Savonnier Victor Vaissier.

Et celui-ci, bref mais explicite :

> L'autre nuit, ma femme m'éveille,
> Surpris, je n'y comprenais rien ;
> — Tu sais, me dit-elle à l'oreille :
> The Sport habille bien !

L'annonce, l'affiche, le prospectus peuvent prendre un tour moins enjoué si l'on veut. Quand vous êtes connu, votre nom seul suffit à éveiller l'attention, ou encore vos initiales ou votre devise. Les lettres « L U » sont partout connues, la devise : « Toujours à mieux », également.

Les couleurs employées dans l'affiche jouent un rôle important. Le rouge, le vert et le noir sont les meilleures. Des lettres blanches, ombrées de noir sur fond bleu foncé, ont également une grande puissance de visibilité. Elles s'aperçoivent le soir longtemps après que les autres ne sont plus lisibles.

Évitez les textes trop longs, la confusion des caractères, les explications trop techniques, visez à la simplicité, employez l'affirmation. Il faut qu'il y ait de l'air entre les lignes et que l'œil ne soit pas découragé par l'effort qu'on lui demande. Les affiches qui n'exigent pas l'arrêt du passant, qui se peuvent lire en marchant ou même lorsqu'on est en voiture, sont les plus efficaces. Adoptez pour votre nom ou votre marque une forme de lettres : romaines, égyptiennes, gothiques, etc... et tenez-vous-y. Elles créeront dans l'esprit du lecteur une obsession qui vous sera profitable; même en voulant fuir cette obsession, il pensera à votre annonce et le but sera atteint.

La publicité au moyen de petits objets usuels tels que : calendriers, crayons, éventails, rouleaux de serviette, glaces de poche, canifs, etc., est excellente. A force de manier ces objets, de les voir près de soi, sur sa table ou son bureau, ils vous deviennent familiers, vous les regardez avec complaisance, vous connaissez par cœur la réclame qui s'y trouve imprimée et vous en gardez le souvenir même longtemps après que ces objets sont ou perdus ou brisés.

Si l'article que vous voulez annoncer est d'intérêt général et s'adresse à tout le monde, l'affiche bien placée et périodiquement renouvelée, ainsi que l'annonce dans les journaux et les revues à fort tirage, sont les deux moyens qu'il faut utiliser. Si, au contraire, vous voulez atteindre une certaine classe de la société, certaines professions; si la chose que vous voulez répandre est un objet de luxe ou de toilette, un produit industriel, un manuel technique; le prospectus adressé par la poste à la catégorie d'acheteurs que vous visez doit être employé, en même temps que les annonces, dans les revues et journaux spéciaux. Dans la revue mondaine pour les objets de luxe, dans les journaux de modes pour les articles de toilette, etc...

Le prospectus ou le catalogue aura plus d'influence s'il est élégant, imprimé sur beau papier, si de jolis clichés en ornent les pages.

Une annonce trop petite, mesquine, écrasée par d'autres annonces plus importantes, produit une mauvaise impression; elle n'inspire pas confiance. Le lecteur hésite à confier ses ordres à la maison qui ménage aussi parcimonieusement ses frais de publicité. A moins d'être anciennement et universellement connu, l'annonce doit avoir une hauteur minimum d'environ 5 centimètres, ce qui représente une quinzaine de lignes, qu'il vous est loisible d'y faire entrer ou non, suivant la grosseur des caractères que vous choisissez. Cinq lignes de lettres grasses valent bien, au point de vue de l'effet, quinze lignes de petit texte.

Au dire des connaisseurs, voici quelles sont les impressions produites sur le lecteur par les annonces de journaux :

« Première annonce, insérée pour la première fois : le lecteur ne la voit pas.

« Deuxième insertion : il la voit, mais il ne la lit pas.

« Troisième insertion : il la lit.

« Quatrième insertion : il regarde le prix de l'article.

« Cinquième insertion : il prend l'adresse.

« Sixième insertion : il en parle à sa femme.

« Septième insertion : il se décide à l'acheter.

« Huitième insertion : il l'achète.

« Neuvième insertion : il signale l'annonce à ses amis.

« Dixième insertion : les amis en parlent à leurs femmes, etc..., etc...

Conclusion :

« Il ne faut pas publier une annonce moins de dix fois. »

Ici, comme en tout, la ténacité est de rigueur et le succès, en cela pareil au génie, n'est qu'une longue patience. Si vous ne dites rien on ignorera votre existence. Il faut crier fort pour se faire entendre. Il y a pourtant des nuances à observer, des oreilles à ménager, des incrédules à convaincre, des indifférents à retenir. J'espère que le présent chapitre vous aura suffisamment renseigné sur ce point.

Si vous voulez que votre maison prospère, que votre capital rapporte, que vos bénéfices suivent une marche ascendante, ne vous lassez pas de faire de la publicité. Jetez votre nom dans la foule, propagez vos produits, insistez, forcez l'inattention coutumière du public. Les premières tentatives peuvent ne pas donner de brillants résultats, vos frais risquent de n'être pas couverts, c'est probable, mais ne vous découragez pas pour cela, une, deux, trois annonces ne servent à rien ; c'est en persévérant, en vous entêtant, en importunant les acheteurs que vous viendrez à bout de leur indifférence. Il faut arriver à ce que votre nom ou votre marque se présente immédiatement et naturellement à l'esprit de la personne chez laquelle se manifeste l'idée d'achat de tel ou tel objet.

Ce précieux résultat, vous l'obtiendrez avec une publicité suivie et un choix habile des organes de diffusion.

TROISIÈME PARTIE

LA SANTÉ

« Bonne santé passe richesse »

I

LE RÉGIME ALIMENTAIRE

La santé, notre bien le plus précieux. — Connais-toi toi-même. — Les aliments : leur valeur nutritive. — Les rations alimentaires. — Les aliments complets. — Les légumes et les fruits. — Mangez ce qui convient à votre tempérament. — Les bons apéritifs. — Valeur des boissons chaudes. — L'art de bien manger.

Voici notre bien le plus précieux, celui qui nous permet de regarder la vie en face, comme un athlète sûr de sa force regarde le fauve qui vient à lui; et ce bien, cette faveur insigne et miraculeuse, cet harmonieux équilibre de nos fonctions physiologiques, que le savant constate, sans pouvoir l'expliquer, nous le méconnaissons. Nous cherchons ailleurs, ignorants que nous sommes, nous voulons autre chose, nous peinons pour un autre but.

Sachons-le bien, la santé est le premier patrimoine qu'il nous faut défendre, le reste viendra après.

Comment défend-on sa santé ? Par l'observation ponctuelle des règles de l'hygiène, au moyen d'une alimentation raisonnée, par l'application, dans le travail aussi bien que dans le repos, de méthodes basées sur notre conformation, sur notre pouvoir de résistance et la somme de nos capacités physiques et mentales.

Nous ne savons ni respirer, ni marcher, ni dormir. Nous négligeons nos muscles, nous abusons de nos nerfs, nous ouvrons la porte aux germes morbides qui nous assaillent, qui nous enveloppent et qui profitent de la moindre lézarde pour porter la dévastation dans nos cellules.

Eh bien ! examinons ensemble le plan qui arrêtera l'investissement de la place; apprenons à manger, à travailler, à nous reposer, à respirer, à dormir. Ce n'est pas bien difficile, et avec de la bonne volonté, vous deviendrez vite un élève remarquable, un homme robuste, un invincible soldat de la mêlée sociale.

Connais-toi toi-même. — Ecoutez la maxime sage et suivez son conseil. Il faut d'abord que vous sachiez quel est votre tempérament fondamental pour y adapter l'hygiène, la nourriture et l'exercice qui lui conviennent.

Il existe quatre tempéraments types qui sont : le lympathique ou phlegmatique, le sanguin, le nerveux et le bilieux.

J'ai donné au chapitre VI les signes distinctifs des divers tempéraments. Je prie le lecteur de bien vouloir s'y reporter.

Comme je l'ai déjà dit, il est rare d'appartenir exclusivement à l'un de ces quatre types; le plus souvent, deux, quelquefois trois tempéraments fusionnent et se confondent chez le même individu en laissant pourtant la prédominance à l'un d'eux. Le tempérament qui prédomine est le tempérament fondamental et c'est avec celui-ci qu'il convient de compter, en subordonnant vos actions et votre régime à ses exigences.

Le régime alimentaire. — Notre ignorance

touchant l'alimentation est vraiment déconcertante. Questionnez un restaurateur, un chef de cuisine, une maîtresse de maison, c'est-à-dire les gens les mieux à même de connaître le sujet, questionnez-les, dis-je, sur la valeur nutritive de tel ou tel aliment et vous verrez, à part de rares exceptions, ce qu'ils vous répondront, si même ils peuvent vous répondre. Ce défaut de connaissances est plus important qu'on ne le pense généralement, tant au point de vue de la santé que de l'économie domestique.

On peut considérer l'estomac comme un foyer dont les aliments sont le combustible. Le phénomène de la digestion dans ses réactions chimiques produit, de concert avec la respiration, la chaleur nécessaire à l'entretien de notre corps, à l'assimilation et à l'élimination des divers aliments absorbés. Cette chaleur est calculée en calories, par les physiologistes, qui estiment de 2 800 à 3 000 calories la moyenne nécessaire à l'homme dans la force de l'âge, pour bien se porter.

Voici, d'après les travaux de MM. les professeur Landouzy et Labbé, la quantité de calories que produisent les aliments les plus usuels. Ces quantités sont évaluées par 100 grammes. Par exemple, quand vous mangez 100 grammes de poisson, vous obtenez 113 calories.

Salade	12
Bière	26
Choux	27
Fruits frais	31
Légumes frais	37
Vin	55
Lait	62
Pommes de terre	83
Viande de boucherie	94
Poisson	113
Porc frais	133
Œufs	153
Pain	255
Riz	315
Jambon	351
Légumes secs, féculents	362
Sucre	380
Chocolat	415
Fromage	466
Beurre	751

On obtient le nombre de 2 800 calories par l'ingestion dans l'estomac des quantités d'aliments qui suivent :

Pain, pâtisseries	600 grammes	1.530	calories
Viande.	280 —	363	—
Poisson.	50 —	263	—
Œufs.	30 —	76	—
Légumes frais . .	200 —	46	—
Pommes de terre.	50 —	150	—
Féculents.	40 —	12	—
Fruits.	40 —	144	—
Beurre	20 —	41	—
Fromage.	10 —	74	—
Sucre.	20 —	45	—
Vin.	60 —	56	—
Totaux. . . .	2.000 grammes	2.800	calories

Soit un total de 2 kilogrammes de substances alimentaires par jour.

L'homme dont les occupations sont sédentaires n'a pas besoin de cette quantité d'aliments. Elle est, au contraire, nuisible à sa santé. Les quantités ci-après lui sont suffisantes :

Pain.	350 grammes
Viande.	150 —
Légumes frais.	100 —
Pommes de terre.	200 —
Lait.	250 —
Sucre.	40 —
Beurre.	25 —
Riz.	15 —
Fruits.	100 —
Vin.	500 —
Café.	1 tasse

Cette énumération représente 2 100 calories.

Par contre, celui qui est obligé de fournir un labeur prolongé et fatigant doit augmenter les doses ci-dessus de manière à obtenir de 3 200 à 3 600 calories et rechercher cette augmentation, non pas dans la viande qui ne fournit que 10 p. 100 des albuminoïdes, des hydrates de carbone et graisses dont nous avons besoin, mais plutôt dans le pain, le lait, les œufs, le riz, les haricots, les lentilles, les fruits et le sucre qui en contiennent 23 p. 100. Un kilogr. de légumineuses : fèves, haricots, lentilles, pois, vaut trois livres et demie de viande.

Cette importante question de ration physiologique a été plusieurs fois exposée dans

Le Matin, avec clarté et intérêt, par le docteur Ox, auquel je dois quelques-uns des renseignements précités.

Le pain, le lait, les œufs, contiennent toutes les substances nécessaires à la nutrition; ce sont des aliments complets. Puis viennent ensuite : le riz, les féculents; les viandes rouges : bœuf, mouton. Les viandes blanches : veau, poulet, porc, et les légumes verts, sont des aliments moins riches en matières nutritives.

Le sucre est par excellence l'aliment de travail, un porteur de force, un agent capable de réparer toutes les fatigues, toutes les dénutritions et dont l'action bienfaisante n'est pas encore suffisamment connue du public. C'est le grand chimiste Dumas qui, le premier, indiqua l'extraordinaire valeur nutritive du sucre.

En raison du phosphore qu'il contient, le poisson est favorable à l'alimentation. Le phosphore entre dans la constitution de notre squelette et du système nerveux. Les personnes qui travaillent de tête et les enfants, pour aider à leur croissance, doivent manger du poisson.

D'après les travaux du docteur Metchnikoff, de l'Institut Pasteur, boire du petit-lait chaque jour, c'est enrayer la vieillesse et s'assurer une longue vie. Le petit-lait renferme un bacille qui détruit les microbes malfaisants vivant par millions dans le gros intestin.

L'artichaut, très riche en tannin, est un aliment tonique, astringent, antidiarrhéique et diurétique.

Le chou, de digestion difficile, ne convient pas aux estomacs délicats.

L'épinard a une grande action laxative, on l'appelle *le balai de l'intestin*. Il partage avec le poireau la vertu d'éclaircir le teint.

L'oseille facilite la digestion. Les personnes ayant des prédispositions à la gravelle doivent s'en abstenir complètement, en raison de la grande quantité d'acide oxalique qu'elle contient.

La tomate est apéritive et rafraîchissante. Pour les mêmes raisons que l'oseille, elle doit être écartée de la table des goutteux, des graveleux et des rhumatisants.

Le céleri cru est indigeste. Son usage modéré fortifie les personnes qui ont les nerfs malades. Cuit, c'est un exquis condiment favorable aux goutteux.

L'asperge est diurétique, elle doit être mangée très fraîche.

La pomme de terre, qui fait le bonheur des estomacs robustes, ne peut être digérée qu'en purée légère par les estomacs fatigués.

La laitue est rafraîchissante, elle est salutaire dans les inflammations de l'intestin et les maux de reins.

Le persil est tonique, excitant, sudorifique et diurétique, vermifuge et fébrifuge. Il stimule l'appétit et facilite la digestion. (D' E. Monin.)

Evitez de cuire les légumes à grande eau, afin qu'ils ne perdent pas les sels et les matières azotées qui entrent dans leur composition.

La fraise, qui contient une notable quantité d'acide salicylique, est recommandée aux arthritiques, aux goutteux. (MM. Porte et Desmoulins, J.-B. Dumas.)

Suivant le docteur Blanc et Emile Gautier, l'infusion de fraises sèches est un des meilleurs toniques du système nerveux, convenant excellemment aux surmenés du travail intellectuel.

La framboise a les propriétés de la fraise, tout en étant plus digestible.

Van Swieten recommandait les cerises aux hystériques. Elles sont antirhumatismales.

La pêche est le fruit des diabétiques, elle est bonne pour les ulcères de l'estomac. (D' E. Monin.)

La pomme est antispasmodique, elle joue le rôle des bromures et des soporifiques.

La figue, riche en pepsine, convient aux poitrinaires.

La poire, un peu froide, gêne certains estomacs.

Le citron est fébrifuge. Associé au café noir, il peut être pris en guise de quinine. C'est la panacée du scorbut. (Emile Gautier.)

L'orange est le plus léger des fruits.

Les amandes sèches ont une valeur alimentaire exceptionnelle, ce sont de véritables boulettes nutritives fabriquées par la nature.

Suivant le docteur Underhill, les raisins doivent être mangés ainsi : « Quand on se porte bien, il faut avaler seulement la pulpe; quand le ventre est relâché, il faut avaler la pulpe avec la peau et rejeter les pépins; quand on est constipé et qu'on désire le manger comme laxatif, on avale les pépins avec la pulpe et on rejette la peau.

« De cette façon, on peut employer le raisin comme remède, en même temps qu'il sert de régal que ne surpasse aucun autre fruit. »

Le café possède des qualités toniques, sur lesquelles il est inutile d'insister. C'est un cordial et un contre-poison.

Le thé pris le matin restaure, donne de l'activité, facilite la respiration. Pris après une marche ou un travail fatigant, il procure une sensation de bien-être presque immédiate. Il réveille l'activité et l'énergie.

Les personnes de tempérament lymphatique rechercheront les substances toniques et réparatrices : la viande de bœuf ou de mouton, rôtie ou grillée; les viandes noires ; le lièvre, la perdrix, le faisan. Ils doivent manger du pain bien cuit, en grande quantité; des légumes amers, diurétiques. Ils boiront peu et de préférence des vins généreux. Ils pourront même, de temps en temps, prendre un petit verre de liqueur fortement aromatisée, qui leur servira de stimulant. Ils n'useront que modérément des féculents, en raison de la tendance à l'obésité qu'ont beaucoup de lymphatiques. Les crudités, les racines, laitue, chicorée, épinards, carottes, tous les végétaux rafraîchissants et laxatifs leur sont contraires.

Les sanguins devront suivre un régime sobre et frugal, de façon à ne pas trop augmenter la richesse des globules rouges de leur sang. Ils mangeront des viandes blanches : veau, poulet, lapin; du lait, des légumes en abondance des fruits acides. Ils ne boiront que peu d'alcool et auront soin de couper leur vin de beaucoup d'eau. Le café léger leur sera salutaire. Ils banniront les épices et en général tout ce qui peut échauffer ou congestionner l'organisme. Prédisposés à la transpiration, ils ne chercheront à l'entraver d'aucune manière.

Les nerveux useront de substances douces et savoureuses : œufs, poulet, laitage, poisson de rivière. Ils éviteront les excitants : café, thé, alcool. La laitue et le céleri doivent être leurs légumes favoris. La laitue contient un suc : le lactucarium, qui possède des propriétés calmantes. Le céleri cru, en branches, préserve des tremblements nerveux et des agitations; il fortifie les nerfs et peut guérir, paraît-il, les palpitations de cœur. Ils feront usage de bon vin et de boissons chaudes aromatisées. Ils mangeront peu et souvent, sans jamais s'efforcer à prendre des mets contraires à leur goût.

Les bilieux devront préférer les aliments denses, les viandes rouges et le régime végétal, à l'exclusion des matières grasses et des farineux. Le riz leur est recommandé. Ils ne boiront pas de café, mais useront de boissons abondantes et légères, ils prendront peu de vin et s'abstiendront de spiritueux. Les fruits mûrs et savoureux conviennent à leur tempérament. La laitue leur est recommandée ainsi que la tomate, excellente pour le foie.

Les habitants des climats chauds se trouvent mieux d'une alimentation végétale. Dans les pays froids, l'alimentation doit être surtout animale. Les matières grasses leur sont également nécessaires.

L'usage du pain frais est contraire à la santé. Subissant très mal la mastication, il est ingéré sans avoir subi cette opération essentielle et forme dans l'estomac des boules massives sur lesquelles les sucs digestifs ne peuvent qu'imparfaitement travailler. La digestion s'alourdit, le pain reste dans l'estomac et occasionne des crampes. Du malaise de l'estomac proviennent à la longue des troubles dans la circulation du sang, des maux de tête, des gastrites, des dyspepsies. Le pain frais, que l'on sert le matin encore chaud et que l'on recouvre de beurre, est un véritable poison.

Pour exciter l'appétit, le bouillon froid dégraissé, pris une heure avant le repas, est recommandé. Il favorise la sécrétion du suc gastrique et fait par là même appel aux aliments.

Voici la formule d'un apéritif économique, indiqué par le *Bulletin des Halles et Marchés*, à sa rubrique : *Science et Pratique* :

« Si vous manquez d'appétit, faites une infusion de deux pincées de graines de carotte dans un demi-litre d'eau bouillante et prenez, entre vos repas, cette infusion bienfaisante édulcorée avec du miel. Non seulement vous aurez alors de l'appétit, mais vous serez assuré d'une excellente digestion. »

Parmi les remèdes que nous avons sous la main, en cas de mauvaise digestion, les boissons chaudes, dit un journal de médecine, ont toujours été en grande vogue. « L'ingestion de liquides chauds a une action sédative bien marquée sur la membrane muqueuse de l'estomac, et calme souvent les sensations douloureuses qu'on ressent après les repas. Elle active les fonctions gastriques. Il paraîtrait même que les Japonais sont redevables à cette pratique de leur endurance et de leur santé, car ils absorbent en toute saison de l'eau ou des boissons brûlantes. L'eau froide, disent-ils, resserre les extrémités et les lobes du foie et du poumon, provoque la toux, éteint la chaleur naturelle qui entretient la vie. »

Apportez de la régularité dans vos repas. La régularité plaît aux organes, disposés à acquérir promptement une habitude et à accomplir à heure fixe, avec plus de facilité et d'activité, les fonctions pour lesquelles ils sont créés.

Ecoutez M. Emile Gautier, qui tient la première place, comme vulgarisateur, dans la presse française, qui sait mieux qu'aucun autre intéresser le lecteur aux choses les plus ordinaires ou les plus arides, écoutez en quels termes heureux il explique ce phénomène physiologique, qu'il appelle *Le Rythme*.

« En vérité, je vous le dis, la vie n'est, au

fond, qu'une série de vibrations harmoniques, un rythme cadencé. Tout être vivant, jusques y compris vous et moi, n'est qu'une machine relativement bien réglée. C'est même surtout pour l'homme, n'en déplaise aux métaphysiciens, précisément parce que l'homme est une machine supérieurement délicate et compliquée, que le fait s'accuse avec une intensité supérieure.

« Chacune des fonctions physiques, intellectuelles ou morales de chacun de nous a son oscillation régulière, son train-train normal, qui ne s'arrête que par l'usure des rouages ou la survenue d'un accident imprévu détraquant tout à coup ce bel ordre. »

. . . .

« Au fond, tous les phénomènes de la vie ont leur périodicité, leurs symétriques alternances, leur balancement rythmé. Cela est évident pour le pouls, pour les contractions du cœur, pour le flux et le reflux respiratoires. »

. . . .

« N'éprouvons-nous pas le besoin de dormir chaque jour à peu près à la même heure ? Et quand nous avons dormi pendant un certain laps de temps (dont la durée moyenne ne varie guère d'un bout de l'année à l'autre), quand la suspension de l'activité des organes, en arrêtant la surproduction des poisons « ponogènes », c'est-à-dire des substances fatigantes et soporifiques, a définitivement rétabli l'équilibre et ventilé les cellules, ne nous réveillons-nous pas spontanément, de la même façon qu'une horloge sonne après avoir abattu son heure en soixante minutes ?

« Est-ce que la faim — et même la soif — ne sont pas soumises à des lois analogues ? Est-ce que nous n'avons pas au fond de l'estomac un chronomètre d'une précision rigoureuse, dont il n'est pas toujours facile d'enfreindre impunément les injonctions impératives ?

« Pas un seul de nos besoins, depuis le plus ignoble jusqu'au plus éthéré, sans en excepter l'amour, qui ne puisse être l'objet de constatations analogues. A quelque point de vue qu'on l'envisage, l'homme est un appareil automatique, basé sur des réactions mécaniques, physiques et chimiques rythmées, et combiné de façon à respirer toutes les deux ou trois secondes, à manger à certains intervalles plus ou moins rapprochés, à dormir pendant une fraction déterminée de jour, et à se réveiller ensuite, etc. Sa volonté, *rythmée et déterminée elle-même*, n'a sur ce mécanisme qu'une action relative, et dans tous les ordres d'idées, pour toutes les fonctions, les jeûneurs comme Succi seront toujours des gêneurs... et des monstres. »

Ah ! si toutes les leçons étaient ainsi présentées, comme il serait agréable d'apprendre ! Je ne regrette qu'une chose, c'est de ne pouvoir mettre sous les yeux du lecteur l'article tout entier, qui est un modèle de clarté, de précision et de bonne humeur. Il parut en 1892 dans *L'Echo de Paris*. M. Emile Gautier a la rare fortune d'écrire des articles qui sont toujours d'actualité, parce que nos maux, nos besoins, nos abus, qu'il traite avec tant de verve, sont hélas ! toujours également d'actualité !

Ne mangez pas à la hâte, ne pressez pas la déglutition, mastiquez bien vos aliments, afin que l'estomac ne soit pas obligé de faire le travail dévolu à vos dents. Une vingtaine de coups de mâchoire par bouchée sont au moins nécessaires. Il est reconnu qu'un aliment bien mâché est plus nourrissant qu'un aliment avalé précipitamment. L'action de la salive et des sucs gastriques se fait dans de meilleures conditions. Les parties nutritives sont complètement assimilées. Rappelez-vous la maxime : Manger lentement, c'est vivre longtemps.

Voici d'après Beaumont la durée moyenne de la digestion (il serait peut-être plus rationnel de dire : la durée du séjour dans l'estomac) des aliments les plus usuels :

Riz, tripes, pieds de cochon. . . . . 1 heure
Œufs crus, truite, saumon. . . . . 1 h. 30
Cervelles bouillies. . . . . 1 h. 45
Haricots, pommes de terre frites. . . . 2 h. 30
Dinde, oie rôtie. . . . . 2 h. 30
Bœuf bouilli, poulet fricassé. . . . . . . 2 h. 45
Lait bouilli, bifteck, mouton rôti. . . . 3 h. 00
Côte de porc, saucisses fraîches. . . . . 3 h. 15
Bœuf rôti, poissons frits. . . . . 3 h. 30
Pain frais, œufs durs, fromage à la crème 3 h. 30
Canard rôti. . . . . 4 h. 00
Porc salé. . . . . 4 h. 15
Gibier. 4 à 5 h.

Si manger conformément à ses besoins et à son tempérament est un acte important de la vie, accomplir le contraire avec régularité ne l'est pas moins. La liberté du ventre prévient un nombre incalculable de maladies graves : néphrites, dyspepsies, entérites, appendicites, sont tributaires de la constipation. Il faut donc s'habituer à régulariser les fonctions de l'intestin. Celui-ci, comme l'estomac, recherche l'habitude et adopte aisément un moment spécial de la journée pour agir. Facilitez-lui sa manie de ponctualité, le matin de préférence, en vous présentant à la garde-robe, avec ou sans besoin, il aura vite adopté la règle et s'y conformera par la suite très docilement.

Au cas où il se montrerait rebelle, pratiquez le massage suivant, au lit, avant votre lever. Placez-vous sur le dos, les jambes légèrement écartées et détendues; faites pendant dix à quinze minutes des pressions sur l'abdomen. D'abord autour du nombril, puis ensuite agir à droite du bas-ventre vers l'aine, en faisant de légères pressions remontantes, en forme d'arc de cercle jusqu'à l'aine gauche. Vous obtiendrez ainsi le résultat désiré.

III

NOTIONS D'HYGIÈNE

Les bains. — L'aération des chambres. — L'exercice respiratoire. — Les vertus de la marche. — Le travail et le repos. — L'art de bien dormir. — Le réveil. — L'hygiène du vêtement. — La défense contre le froid. — L'insolation. — La longévité. — Comment n'être jamais malade. — Hygiène psychique. — Pourquoi l'on meurt. — Comment on devient centenaire.

L'emploi raisonné de l'alimentation ne suffit pas pour conserver la santé, il est utile de pratiquer également les lois de l'hygiène. Soyez passionné pour la propreté, il faut aimer l'eau, se laver abondamment toutes les parties du corps, afin d'assurer la transpiration de la peau et l'entretenir dans une souplesse salutaire. L'eau froide resserre les pores, l'eau chaude les dilate, l'eau tiède la plupart du temps convient mieux. Les bains froids donnent de la force et de la vigueur; les bains tièdes calment les nerfs et font disparaître la fatigue ; les bains trop chauds dépriment et affaiblissent.

Laissez fréquemment les fenêtres de votre appartement ouvertes, afin que l'air et la lumière y entrent largement, aussi bien en hiver qu'en été. N'utilisez jamais de bourrelets pour mieux clore vos portes. En diminuant le compte du chauffage, vous vous exposez à augmenter celui du médecin. Les chambres non aérées sont d'actifs foyers de maladies : rhumes, bronchites, pneumonies, maux de gorge, influenza s'y développent d'une manière redoutable. « Laissez entrer pendant la saison froide le vent qui passe en chantant : il porte sur son aile le pain de vos poumons et le désinfectant de votre maison. »

Apprenez à respirer, presque tout le monde ignore cette science que nous devrions tous connaître et pratiquer. N'est-ce pas l'air qui renouvelle notre sang et porte la vie dans tous nos organes ? N'est-ce pas lui qui aide à l'équilibre et au maintien de nos fonctions physiques et psychiques ?

« En développant nos poumons par un simple mouvement mécanique, nous déplissons dix-sept cent à dix-huit cent millions d'alvéoles dont ils se composent. Si ces alvéoles étaient placées à côté les unes des autres, elles couvriraient une surface de plus de 140 mètres carrés. Or, d'après les travaux des meilleurs physiologistes, la plupart des hommes ne respirent que par le tiers, le quart et même le cinquième de cette surface, c'est-à-dire que si leurs alvéoles étaient développées côte à côte, elles ne couvriraient guère qu'un espace de 46, de 35 ou même de 28 mètres carrés seulement. On voit donc la faible quantité d'air emmagasiné, eu égard à la quantité théoriquement emmagasinable. » ERNEST BOSC, *le Livre des Respirations*. (Chamuel, éditeur.)

Il est nécessaire d'utiliser le plus grand nombre possible d'alvéoles. On y arrivera en respirant à *pleins poumons*, en faisant de profondes aspirations. Les vêtements doivent être suffisamment larges pour permettre le complet fonctionnement du thorax. Faites une aspiration d'environ six secondes, que vous évaluerez en comptant mentalement 1, 2, 3, 4, 5, 6;

comptez également un temps d'arrêt de six secondes, que vous faites suivre enfin d'une expiration de six secondes, toujours en comptant mentalement 1, 2, 3, 4, 5, 6. La respiration doit se faire par les narines, la bouche fermée. Ce premier exercice pourra durer dix minutes. Les jours suivants vous compterez huit secondes dans l'aspiration, huit dans le temps d'arrêt, huit dans l'expiration. Puis au fur et à mesure de votre entraînement, 10, 12, 15 secondes et plus, de manière à imprimer à votre respiration un rythme lent, régulier, profond, qui fasse pénétrer l'air dans les moindres replis de vos poumons et charge votre sang d'oxygène, source vivifiante de bien-être et de santé.

L'exercice respiratoire doit se faire de préférence à la campagne, allongé sur l'herbe, dans le voisinage des arbres; ou bien en marchant à pas mesurés, sur une route où l'air, chargé de l'arome bienfaisant des prés et des bois, circule librement. Il donne à ceux qui s'y conforment assidûment, une activité, une maîtrise de soi exceptionnelles.

Profitez de vos moments de loisirs, consacrez

même deux heures de votre temps par jour, pour marcher. La marche est la meilleure des gymnastiques. Suivant l'expression populaire, elle *dérouille* les membres. Elle prévient l'ankylose et l'atrophie, elle allège le corps et donne de la souplesse et de l'harmonie aux mouvements. Quoi de plus disgracieux, de plus encombrant qu'un gros ventre ? A quels malaises ne sont pas exposés les gens trop gras, essoufflés, apoplectiques, épais et lents ? En usant quotidiennement de la marche, vous éviterez l'obésité, votre corps gardera de justes proportions et vos muscles, tonifiés, libérés des graisses encombrantes, conserveront leur élasticité et leur vigueur jusque dans la vieillesse.

« Salutaire au physique, la marche l'est aussi, cela va sans dire, au moral, car Shakespeare, dont j'invoquais l'autorité tout à l'heure, n'est pas le premier ni le seul qui ait découvert des relations entre l'habitude de la promenade à pied et une conscience sereine. La marche met de l'ordre et de la clarté dans l'esprit, dissipe les vapeurs, éteint les rancunes, inspire les bonnes résolutions. C'est elle, beaucoup plus que la nuit, qui porte conseil.

Le meilleur travail pour l'écrivain, l'artiste, est celui qu'il fait en marchant. » LUCIEN DESCAVES, *Eloge de la Marche — Le Journal.*

La marche doit être accélérée, le pas assez grand, de 70 centimètres environ, la pointe des pieds portant sur le sol plus que le talon. Il faut imprimer aux bras un balancement accentué.

Les mouvements d'assouplissement sont également favorables à la santé. Ils ont une grande influence sur la respiration, la circulation, la nutrition et l'innervation. Il est bon d'y consacrer quelques moments après une longue station assise ou couchée.

Si le travail régulièrement accompli et judicieusement proportionné aux forces de celui qui s'y livre, de façon qu'il n'y ait ni surmenage, ni usure. est un indubitable facteur de santé, il est également reconnu que, pour assurer l'équilibre et entretenir la machine humaine dans un état satisfaisant, il est nécessaire de se soumettre à la loi physiologique du repos.

Pour être efficace, pour rendre le calme aux nerfs excités par l'attention, pour permettre aux muscles de retrouver l'élasticité rompue par l'effort, le repos doit s'intercaler, autant que possible, entre la période agissante. Une heure de repos après quatre heures de travail ne vaut pas un quart d'heure de repos pris après chaque heure de travail. L'effort d'une heure se répare plus complètement en quinze minutes, que l'effort de quatre heures en soixante. Néanmoins, il est des circonstances où l'on est obligé de fournir un labeur prolongé et continu ; dans ce cas il est nécessaire, quand vous avez terminé votre tâche, de demander au repos toute la somme de détente et de pouvoir réparateur qu'il est capable de produire. Mettez-vous à l'aise, enlevez le vêtement qui comprime votre poitrine, allongez-vous dans votre fauteuil, les jambes et les bras absolument détendus, les muscles inertes. Cette inertie des muscles est essentielle, la moindre contraction fournissant aux cellules un motif de travail. Ayez une respiration rythmée, baissez les paupières, chassez les préoccupations, évoquez des images riantes, le souvenir d'un coin de campagne, d'un joli paysage entrevu dans vos dernières promenades. Que les minutes glissent sur vous comme une eau rafraîchissante et laissez votre pensée errer dans le brouillard pacifiant d'un demi-sommeil. Acceptez sans résistance ce moment de vie végétative et ne cherchez pas à en rompre la bienfaisante action. Au bout de vingt ou trente minutes, vous vous relèverez dispos, rasséréné, retrempé, avide de mouvement et d'effort. Vous aurez réparé l'usure vitale et remis de l'huile fraîche dans les rouages.

Puisque l'abus en tout est un défaut, il faut bien prendre garde d'abuser du repos. Si son juste emploi est réparateur, en dépassant la mesure vous avez bien des chances pour voir la maladie s'installer, un jour proche, à votre chevet. L'inaction, la paresse, altèrent la santé encore plus vite que le surmenage. Mieux vaut trop de travail que pas du tout.

Du repos au sommeil il n'y a qu'un pas; voyons donc en quoi consiste un bon sommeil. Les hygiénistes recommandent les durées suivantes pour les divers âges : de 3 à 4 ans, 12 heures; de 4 à 7 ans, 11 heures; de 7 à 16 ans, 10 heures. Pour les jeunes gens de 16 à 21 ans, 9 heures; pour les adultes, 8 heures de sommeil sont absolument nécessaires. Un sommeil insuffisant prédispose aux maladies. L'anémie, l'épuisement nerveux, la faiblesse, sont dus souvent au manque de sommeil.

Couchez-vous deux heures au moins après le dîner. Votre chambre ne doit pas être chauffée, au contraire on doit dormir la fenêtre entrebâillée, quand la saison le permet, en disposant, si besoin est, un rideau devant les ouvertures, pour que l'air n'arrive pas directement sur le visage. Placez-vous sur le côté droit, afin de ne pas gêner les mouvements du cœur. Prenez la bonne habitude de respirer par le nez, vous éviterez ainsi l'assèchement de la gorge et le ronflement. Oubliez les tracas de la journée, mettez-vous dans un état d'absolue passivité, le sommeil viendra de lui-même.

Les gens sanguins doivent se servir d'oreillers afin d'éviter l'afflux du sang dans le cerveau. Les personnes faibles et anémiques dormiront la tête aussi basse que possible.

Le lit ne doit pas être placé dans une alcôve, ni entouré de rideaux qui empêchent le passage de l'air. Ne couchez pas sur la plume. Un ou deux matelas de crin et de laine par-dessus le sommier constituent le lit idéal. Ne gardez pas de lumière la nuit dans votre chambre, elle fatiguerait vos yeux et prendrait à l'air une certaine quantité d'oxygène.

Le matin, ne vous éveillez pas brusquement et ne sautez pas du lit avec précipitation. Laissez à la vie consciente le temps de reprendre possession des organes; au cerveau, de chasser les brumes du sommeil. Etirez-vous, paressez quelques minutes et levez-vous ensuite. Dans le réveil en sursaut, dans cette mise en train inopinée, l'afflux brusque du sang, l'ébranlement immédiat des nerfs ne sont pas sans produire quelques trépidations, plutôt défavorables, qu'il vaut mieux éviter.

L'HYGIÈNE DU VÊTEMENT. — Le froid a une très grande action sur le développement des maladies. Nous portons en nous, même en pleine santé, dans nos intestins, nos poumons, notre salive, le microbe des pneumonies, fluxions de poitrine, grippes, angines, appelé par les bactériologistes : *microbe de Talamon-Frœnchel*, noms des deux savants qui l'ont découvert. Ce microbe ne demande, pour attaquer nos tissus et jeter le désordre dans notre corps, qu'un simple refroidissement de température, une pluie trop prolongée, le port par la victime de chaussures aux semelles minces et prenant l'eau. Aussi convient-il, pour se garantir des ravages du terrible microbe, d'éviter ces incidents de la vie courante.

Pour ce faire, il faudra choisir des vêtements chauds et imperméables. Les plus épais ne sont pas les meilleurs. Deux vêtements légers, superposés, retiennent mieux la chaleur qu'un seul vêtement trop lourd. La jaquette et le pantalon étroits, s'adaptant très justement au corps, occasionnent une déperdition de calorique plus grande que s'ils étaient un peu larges. L'air étant mauvais conducteur de la chaleur, votre température naturelle sera mieux conservée s'il existe une certaine couche d'air interposée entre les étoffes successives de votre habillement. M. Bergonié, savant physiologiste, a mesuré avec précision le coefficient de protection contre le froid de tissus divers, les voici :

Maillot de cycliste, coton, collant.	1.10
Gilet de flanelle force moyenne.	1.35
Coton à jour.	1.35
Tricot léger, laine.	1.40
Tissu laine et soie, fin et serré.	1.50
Gros molleton blanc.	1.55
Veston cuir, doublé flanelle.	1.60
Gilet de chasse marron, tricot épais.	1.60
Drap cheviote noir, épais, doublé flanelle.	1.90
Mac-farlane, laine.	2.10
Gros pardessus d'hiver doublé soie.	2.50
Laine des Pyrénées.	2.50
Pelisse vison d'Amérique, poil dedans.	4.50

Ainsi qu'on le voit, la meilleure protection est donnée par la pelisse garnie intérieurement de fourrure. Les tissus de laine relâchés, en raison de la contexture enchevêtrée de leurs fibres, telle la laine dite des Pyrénées, possèdent également un coefficient de protection élevé. Mais le maillot collant du cycliste en coton tricoté ou le veston de cuir du chauffeur, ne garantissent que très imparfaitement du froid.

Veillez à l'état de vos chaussures. Il se produit souvent une grande déperdition de chaleur par les pieds, ceux-ci restant en communication permanente avec l'humidité du sol. Vous éviterez cette déperdition en mettant dans vos chaussures trois épaisseurs de papier à emballage, taillées en forme de semelle. Vous n'aurez jamais froid aux pieds.

Lorsque vous sortez d'une salle chauffée, portez votre mouchoir à votre bouche et sous vos narines, afin que l'air froid du dehors ne pénètre que lentement dans vos poumons; vous échapperez ainsi à la congestion.

De même que le froid, la trop grande chaleur peut occasionner des troubles graves, et même donner la mort. Aux mois de juillet et d'août, l'insolation est à redouter. Les buveurs d'alcool sont exposés plus que d'autres à sa dangereuse atteinte. Pendant cette saison, il ne faut pas absorber de boissons glacées, malgré le désir que vous en avez. On doit porter des vêtements larges et légers, ne pas faire usage de cols trop hauts, qui serrent et congestionnent le cou. Ne jamais aller nu-tête au soleil. Si votre complexion sanguine vous y oblige, défendez-vous contre les ardeurs solaires, au moyen d'un couvre-nuque ou d'un parasol.

La longévité. — L'art de ne pas vieillir.
— L'homme ne meurt pas, il se tue, nous dit, après Sénèque, Stahl et Broussais, M. Jean Finot, auteur de *La Philosophie de la Longévité*. La vie humaine n'est pas seulement le résultat des forces mécaniques et des combinaisons chimiques dont notre corps est le théâtre. Au-dessus de la matière, la dirigeant et l'influençant, existe une force supérieure, un principe essentiel, un dynamisme vital, appelé suivant les époques et les philosophes : âme, pensée, raison. C'est à ce principe qu'il faut avoir recours comme régulateur de nos fonctions physiologiques. Il faut vouloir la santé pour l'obtenir. C'est une vérité surabondamment démontrée qu'il suffit d'une passion surgissant violemment dans le cœur d'un homme, jusque-là calme et pondéré, pour faire naître la maladie. Le chagrin, la peur, peuvent avoir une influence considérable sur l'organisme; l'espoir, la joie, raniment les moribonds, redonnent au sang sa chaleur juvénile, aux muscles une nouvelle vigueur. La pensée a donc une action efficiente sur le corps. Nous portons en nous la jouvence qui rend l'homme

perpétuellement jeune et fort, qui lui permet d'atteindre, sans infirmités, sans déchéance, la limite de vie que nous assigne la nature, cette limite que nous croyons extraordinaire quand elle approche de quatre-vingt-dix ans, et qui devrait être de plus de cent années.

J'ai noté, il y a déjà longtemps, la jolie pensée d'un écrivain anglais, Mme Nora Vynne ; la voici : « L'âge est un mal volontaire qui n'est pas du tout inévitable. Ce n'est pas une question de dates et d'anniversaires, c'est une affaire de tendances naturelles et de dispositions. Peu importe l'âge du corps, du moment où l'intelligence, les émotions et les instincts restent jeunes. La jeunesse n'est pas une période de la vie, mais une qualité, un trait de caractère, un état d'âme. La vieillesse n'est pas autre chose qu'une des formes de l'égoïsme. »

Que faut-il donc faire pour conserver jusque dans un âge avancé ce trait de caractère, ce précieux état d'âme qu'est la jeunesse ? Il faut, non seulement vivre sobrement et observer les lois hygiéniques dont je vous ai parlé plus haut, mais encore pratiquer l'hygiène psychique, comme on pratique l'hygiène corporelle. Veillez à vos pensées, écartez de vous la mélancolie et le découragement, fermez la porte au doute, aux imaginations morbides, aux phobies de toutes sortes, touchant l'âge et la maladie, qui voudraient vous assaillir et troubler votre tranquillité.

Dussé-je encourir le blâme de citer trop souvent, je veux ici encore appuyer mon opinion sur un témoignage autorisé. Ecoutez en quels excellents termes M. Xavier Pelletier, qui s'est fait dans le journalisme une spécialité de ces questions, expose cette théorie : « La discipline de la vie intérieure écartant par entraînement progressif les passions qui mettent l'être humain en déchéance, cette philosophie sereine qui apprend à dominer les tendances, les mouvements violents de l'âme, fut de tout temps connue. On la retrouve chez les théosophes de l'Inde ; elle fut la base de la morale stoïcienne, et Sénèque avertissait utilement les neurasthéniques de Rome quand il écrivait à Lucilius :
« La douleur est légère quand l'opinion ne
« l'exagère point. On la rend ainsi à force de

« la croire telle. On n'est malheureux qu'au-
« tant qu'on le croit. »

« Un trouble psychique, quel qu'il soit, est une cause de moindre résistance. On ne meurt ni de chagrin, ni de peur, mais l'organisme en est modifié de telle sorte qu'il devient une proie facile aux ennemis qui le guettent. Aux réactions déprimantes auxquelles nous soumettent et les conditions physiques ou de climat, et le commerce habituel des hommes, il faut opposer un optimisme qui ne sait plus s'émouvoir. On y parvient par la culture de la volonté, non pas de la volonté impérative impliquant l'effort, mais du vouloir raisonné, permanent, devenu acte instinctif, réflexe. Il faut dominer la vie et, de haut, se regarder agir.

« C'est ainsi, sans se jeter pour cela dans un sec égoïsme, qu'on apaise toute douleur profonde, qu'on abat la colère, qu'on ne garde de la haine que la somme d'énergie nécessaire à l'action, qu'on connaît la douceur de certains oublis, de certains pardons volontaires. Il est facile, quand on sait le vouloir, de s'établir définitivement dans une telle harmonie morale. »

Impossible de mieux dire.

Cette paix mentale, cette quiétude de l'âme, sera pour vous un sûr bouclier contre lequel s'émousseront les flèches de la maladie et de la sénilité.

« Ce qui rompt l'équilibre dans l'homme, a dit Buffon, c'est l'imagination qui corrompt le bien et devance le mal. » Ne craignez pas la mort, et la mort reculera devant votre assurance. La plupart des hommes parvenus à un certain âge s'imaginent qu'ils arrivent au terme de leur existence. Encore quelques rares et tristes années à vivre dans les troubles et la décrépitude inhérents à la vieillesse, pensent-ils, et ce sera fini. L'avenir leur apparaît sous un funèbre aspect, leur horizon se rétrécit, le ressort vital se détend, la vision de la mort prochaine hante leur cerveau. Les voici victimes de la pire des autosuggestions et incapables de réagir. L'angoisse les étreint, ils mangent mal, la nutrition se ralentit, leur sommeil est agité, leurs pauvres nerfs détraqués par tant de pensées néfastes mettent le désarroi dans tout l'organisme. Que vienne alors le moindre malaise, leur imagination effrayée s'en empare, le couve, l'entretient, le développa et crée le mal qui les tuera. Ils se poussent eux-mêmes vers la nuit qui les épouvante.

Nombre de savants partagent cette manière de voir, et Stahl au XVIII° siècle, dans sa doctrine du Vitalisme, affirme que, hormis la mort violente que nous ne pouvons prévoir, toute autre mort est « un vrai suicide, ou plutôt un meurtre que l'âme exerce sur son corps par ignorance ou par imprudence ». ALBERT LEMOINE.

C'est à vous, lecteurs, qui connaissez maintenant le secret de la longévité, de vous défendre contre les pensées mauvaises qui abrègent l'existence et de savoir entretenir en votre esprit la bonne humeur, le dédain de la mort, la sérénité d'âme qui font les centenaires.

QUATRIÈME PARTIE

LA BEAUTÉ

LA BEAUTE

La beauté, arme invincible de la femme. — Beauté classique et beauté moderne. — Il n'y a pas de femme laide. — Les ennemis de la beauté. — Comment viennent les rides. — Les femmes nerveuses. — Pour calmer les nerfs. — Recettes et procédés. — La fraîcheur du teint. — Suppression des rides. — Les yeux. — Pour faire repousser les cheveux. — Les sourcils. — La bouche. — Les mains.

La beauté, cela se conçoit, intéresse plus particulièrement les dames; c'est donc à mes lectrices que je dédie les pages qui suivent. Les lecteurs, néanmoins, pourront tirer certain profit de quelques alinéas, tel celui de la distinction, par exemple, cette qualité n'étant pas moins appréciable chez l'homme que chez la femme, et l'art de savoir plaire, de se concilier la sympathie du monde, ayant pour les uns comme pour les autres une indéniable valeur.

Dans la course aux satisfactions morales et

matérielles qui constituent ce que nous appelons le bonheur, la femme ne dispose pas des mêmes ressources que nous. Son tempérament plus fragile que le nôtre, sa sensibilité, son esprit, ses goûts, si différents de la sensibilité, de l'esprit et des goûts de l'homme, l'obligent, pour lui permettre de remplir la mission que le destin lui assigne parmi nous et pour tenir le rang qu'elle mérite, de se servir de moyens opposés à ceux que nous employons pour atteindre le but convoité. Nous avons la force et parfois la rudesse, elle a la fragilité. Nous avons la sévérité, elle a la douceur. Nous fermons notre cœur à la pitié, cependant que le sien se fait source inépuisable de bonté et de patience. Elle écoute, alors que nous tournons le dos à l'importun. Elle console et nous frappons, elle soigne et nous blessons.

Dans l'ordre matériel, les lois, les mœurs, les préjugés, l'éducation, l'éloignent encore, à part de rares et intéressantes exceptions, de carrières, de postes et de sinécures, dont nous voulons être les seuls bénéficiaires. Nous nous réservons le droit de créer et d'inventer, de discourir et de légiférer, de toucher les gros traitements, de mériter les retraites, les galons et les lauriers. Le cerveau féminin, clament les professeurs, est d'un trop petit volume, d'un poids trop léger, pour qu'il soit permis à la femme d'émarger à l'un quelconque des chapitres du budget, pour être de l'Institut, du Conseil d'État, de la Sorbonne ou d'ailleurs.

Si donc la femme n'est pas issue d'une famille riche, elle est, de par l'organisation sociale actuelle, condamnée à vivre dans la gêne et l'obscurité.

Pour lutter néanmoins contre l'égoïsme masculin, pour briser quelques-unes des barrières qui la condamnent au piétinement et à l'inaction, la femme possède, outre les qualités morales dont je parlerai plus loin, une arme puissante, invincible ; capable, quand elle en use avec tact et pour des fins honnêtes, d'abattre tous les obstacles, d'annihiler toutes les préventions. Cette arme, c'est sa beauté.

Il était donc nécessaire d'en parler ici, comme un moyen de succès dans la vie.

La beauté classique qui résulte de la régularité et de la noblesse des traits, de l'harmonieuse proportion des lignes, de l'eurythmie

13.

des mouvements, est un don que bien peu possèdent. Celles qui en sont dépourvues ne doivent pas cependant perdre tout espoir d'être belles et de plaire, car il y a une autre beauté que la beauté classique, que la beauté que nous a léguée l'immortel ciseau des Phidias et des Praxitèle.

La beauté moderne, celle dont est douée la femme élégante et distinguée que nous croisons souvent dans la rue, peut s'éloigner assez sensiblement des rigoureuses proportions connues des sculpteurs et des peintres. Elle peut n'être pas d'une absolue régularité, pécher par une légère exagération de formes, sans cesser pour cela de jouir des privilèges, de l'influence, de l'ascendant devant lesquels se sont inclinés de tout temps les hommes de toutes les races. Cette beauté-là s'acquiert, se développe, se perfectionne. Elle n'est pas une, elle est la résultante de divers dons, de soins spéciaux et d'artifices secrets, que j'exposerai le plus clairement possible dans les lignes qui vont suivre.

« Il n'y a pas de femme laide », a dit, je crois, Proudhon; toutes, même les moins favorisées de la nature, ont un charme particulier, un attrait, dissimulé sous la gangue des habitudes terre-à-terre ou de l'indifférence. Un peu d'attention coquette révèlerait le charme, mettrait l'attrait en lumière et vaudrait à celle qui jusque-là fut délaissée, des hommages et des affections. Il suffit de chercher et de vouloir.

La beauté peut exister sans la santé, c'est évident. On voit fréquemment des femmes qui doivent à leur tempérament fragile, une grâce spéciale, une morbidesse attirante et magnétique, un regard profond, un fin visage pâle aux contours délicats. Mais, en général, la santé apporte avec elle le plein épanouissement de la beauté. C'est la pureté du sang, sa richesse, qui donne à la peau cette transparence et cette fraîcheur que les fards et les poudres ne remplacent qu'imparfaitement. C'est la santé qui s'exprime dans le galbe des lignes, dans la perfection des formes; c'est elle qui allume l'éclat des yeux, qui met du rose aux lèvres, qui assouplit les longues chevelures, et c'est elle encore qui prête aux mouvements, aux gestes, à la marche, l'animation, l'élasticité, le rythme qui nous enchantent. Veillez à votre santé, Mesdames, si vous voulez être belles, pratiquez avec un soin jaloux les règles de l'hygiène.

« Mais ne confondons pas le devoir de Beauté avec le souci excessif et ridicule de la mode — qui n'est pas toujours esthétique — et de la parure — qui n'est qu'un accessoire.

« Le devoir de Beauté, c'est, avant tout, l'obligation d'entretenir en nous, par une hygiène intelligente et par une vie normale, la santé, source de la beauté durable et transmissible. C'est aussi le devoir d'assurer à la jeunesse, par une bonne éducation physique, la vigueur des muscles et le développement harmonieux du corps. » ODETTE LAGUERRE.

Evitez les soucis, écartez de votre esprit les chimères, les craintes et les angoisses, si souvent injustifiées, qui le hantent et l'assombrissent. La vie, hélas ! n'est pas faite que de joies, c'est une rude étoffe où les fils d'or se comptent aisément. Accueillez les déboires et les désillusions avec le plus de philosophie possible, courbez la tête avec résignation et laissez passer la bourrasque. Demain sera meilleur, demain c'est l'avenir, c'est l'espoir, c'est la fleur éclose au milieu des épines, c'est le sourire retrouvé ! La tristesse, l'ennui, la colère, le rire exagéré, altèrent la régularité du visage et contractent les traits. Imperceptibles d'abord, des sillons s'esquissent, qui s'accusent, se creusent ensuite de plus en plus, pour devenir enfin des rides indélébiles, marquant la fin prématurée d'une beauté dont le règne durerait encore si l'âme, au milieu de la tourmente humaine, avait su garder sa sérénité.

La griffe du temps atteint plus vite et plus profondément les femmes nerveuses que les autres. Vibrantes et impressionnables, les moindres événements dérangent le cours régulier de leur vie, perturbent le flux du sang, produisent en elles le heurt des émotions contradictoires. La mobilité de leur physionomie s'accroît, les muscles se détendent, la peau se relâche, l'harmonie des traits est rompue. Il faut lutter avec persévérance contre cet état nerveux, utiliser, comme je l'ai expliqué dans plusieurs occasions, le pouvoir bienfaisant de la psychothérapie, se dominer, écarter de sa route les fortes émotions, se dire bien des fois par jour : je veux être calme, j'ai besoin de tranquillité, je suis tranquille. Pensez à ce sentiment, étudiez-le, examinez comment agissent les personnes tranquilles et pondérées de votre entourage, copiez leur manière d'être; que l'idée de calme, de paix, de quiétude, soit mêlée à toutes vos actions, et vous finirez par vaincre votre nervosité, par commander à votre sensibilité, par vivre doucement, pacifiquement. Votre visage retrouvera sa fraîcheur, vos traits leur gracieuse symétrie.

« Lié intimement à la pratique de l'hygiène, le devoir de Beauté se trouve aussi lié à la moralité. Je ne dirai rien de nouveau en constatant que les passions habituelles de l'âme impriment leur sceau à la physionomie.

« Ruskin prétend même que les sentiments généreux, chez le beau sexe, développent la poitrine. » Et Mme Odette Laguerre, déjà citée, ajoute malicieusement : « S'il était scientifiquement prouvé qu'en effet la générosité des sentiments peut remplacer avec avantage les pilules orientales ou le corset plastique, à quel débordement de sentiments généreux n'assisterions-nous pas ! »

Evitez les veilles, la trop grande lumière, les

repas copieux et prolongés, les excès et les fatigues, toutes choses qui détruisent rapidement la beauté.

RECETTES ET PROCÉDÉS

LE TEINT. — Un teint clair, uni, de transparence nacrée, fait oublier les irrégularités du visage et prête à la physionomie l'attrait de l'éternelle jeunesse. Il n'y a pas de joli teint sans une bonne santé ; elle seule donne à la peau l'éclat, la souplesse et le velouté. Un corset trop serré, des vêtements trop lourds, nuisent à la fraîcheur du teint. Le régime alimentaire doit être surveillé, il ne faut pas manger de mets épicés, ni trop de gibier, ni trop de poisson de mer et n'user que très modérément de vins généreux. Une visite quotidienne à la garde-robe est de rigueur. Pour les ablutions il faut se servir d'eau tiède. Un mélange par parties égales de jus de citron et de crème constitue un excellent cosmétique, que bien des mondaines préfèrent aux crèmes du commerce. L'eau de pluie, dans laquelle on a fait macérer au préalable quelques touffes de persil, est également recommandée. A la place du persil, l'on peut faire macérer, si l'on veut, soit du cerfeuil, soit des fleurs de guimauve, soit des lis, des roses, le suc de ces plantes ayant une action également bienfaisante sur la peau. Une goutte de jus de citron sur un bouton qui menace l'épiderme, arrête son éclosion.

Les rides. — Bien plus que l'âge, les émotions d'une vie agitée font naître les rides. Si vous voulez conserver un visage uni, n'abusez ni du rire, ni des larmes. Usez modérément des corps gras : cold-cream, vaseline, **glycérine**, qui ramollissent les tissus. Les ablutions faites à l'eau trop chaude ont le même inconvénient. Permettez-moi de vous soumettre une recette contre les rides que l'on recommandait à nos grand'mères : « Faites bouillir une poignée d'orge perlée dans une pinte d'eau, jusqu'à ce que les grains en soient parfaitement cuits; passez cette eau à travers un linge fin, ajoutez quelques gouttes de baume de la Mecque; agitez bien la bouteille dans laquelle vous aurez versé le tout, jusqu'à ce que le baume soit bien dissous dans l'eau d'orge.

Lavez-vous le front et les yeux avec cette eau, qui, outre la propriété qu'elle a d'effacer les rides, est encore un très bon cosmétique pour la peau. »

Les vieilles recettes sont souvent les meilleures.

Aujourd'hui l'on recommande, contre les rides, le massage et l'électricité. Il existe pour cet usage des auto-masseurs électriques, petits appareils de prix abordable, dont on dit beaucoup de bien.

Voici un procédé plus simple : découpez des petites bandes de taffetas anglais, enduites d'une gomme très adhérente ; avec les doigts de la main gauche, écartez fortement la peau, à l'endroit où se trouve la ride et de la main droite appliquez-y la bande de taffetas que vous maintiendrez pendant quelques minutes en pressant dessus avec vigueur. Faites cette opération le soir en vous couchant et gardez toute la nuit le taffetas que vous décollerez le lendemain matin avec de l'eau tiède. Recommencez tous les soirs jusqu'à disparition complète.

LES YEUX. — « L'œil fut pour tous les peuples

la figure hiéroglyphique la plus significative : symbole, pour les uns, de l'être intellectuel qui nous anime, image pour les autres de l'intelligence suprême qui veille à la conservation de tout ce qui existe; placé dans le triangle de Pythagore, il est encore pour nous un emblème consacré. Il sert aux arts, aux sciences, de terme de comparaison, et la poésie plus d'une fois s'en est emparée. Les poètes ont, par analogie, appelé le soleil *l'œil du monde* et célébré dans toutes les langues ces globes vivants, rapides interprètes des passions de l'âme, où brillent tour à tour les flammes de la colère, le feu de l'amour, et les vives clartés du génie. » Mme ÉLISE VOÏART.

On ne prendra jamais assez de précautions pour conserver l'éclat et la beauté des yeux. La trop vive lumière, les lectures prolongées, les veilles, le séjour à la portière baissée d'un train, sont les causes les plus fréquentes des maux d'yeux.

Si vos yeux sont en bon état, baignez-les dans l'eau fraîche, le matin en vous levant, le soir avant votre coucher.

Quand ils sont enflammés, ne les lavez pas à

l'eau froide, employez au contraire de l'eau aussi chaude que possible.

Ne dormez pas vis-à-vis d'une fenêtre, de façon que la lumière ne tombe pas directement sur vous, lorsque vous vous éveillez.

Quand vous vous sentez les yeux fatigués, versez dans le creux de la main quelques gouttes de bonne eau-de-vie, que vous laissez évaporer en approchant vos yeux grands ouverts bien exposés aux vapeurs alcooliques.

Laissez macérer dans l'eau toute une nuit des fleurs de bluets, sèches ou fraîches, et lotionnez vos yeux le matin avec cette eau; ils resteront en excellent état. On donne aux bluets le nom de casse-lunettes.

Se laver les yeux plusieurs fois par jour avec du thé tiède et non sucré, apaise l'inflammation des paupières, les dégonfle et donne de l'éclat au regard.

LES CHEVEUX. — J'emprunte, au bénéfice de mes lectrices, quelques conseils pratiques sur l'entretien de la chevelure, aux *Lettres sur la toilette des femmes* de Mme Elise Voïart, déjà citée plus haut.

« Un abus assez général parmi les personnes qui cherchent à obtenir une belle chevelure, dit Mᵐᵉ Voïart, c'est celui de l'emploi exagéré des pommades et des huiles; par ces onctions trop réitérées, on noie la plante; au lieu de la faire croître, on l'étouffe; les pores s'obstruent et souvent de violents maux de tête avertissent, mais trop tard, du danger de ces moyens.

« Les plus simples, les moins coûteux, et les plus sûrs, non pour augmenter le nombre des tuyaux capillaires, ce qui est impossible, mais pour conserver les cheveux, hâter leur développement en grosseur et longueur, c'est de les couper souvent, de les peigner, de les brosser tous les jours pour débarrasser la tête des petites pellicules blanches qui rendent les cheveux sales; on fait cette toilette le matin afin d'aérer les cheveux et de sécher la transpiration de la nuit; le soir, pour enlever la crasse formée dans la journée, par la chaleur et la poussière.

« L'usage de tremper le peigne dans de l'eau où l'on aura jeté quelques gouttes d'eau de Cologne est très salutaire, surtout si l'on a soin de ne pas mouiller la racine des cheveux, parce que cette humidité pourrait être malsaine pour certains tempéraments. Ce moyen employé journellement, et avec précaution, rend les cheveux souples, brillants; il ôte surtout la mauvaise odeur que leur donne souvent la transpiration concentrée, et les entretient dans un état de moiteur favorable à leur végétation. On peut même, dans l'été, se laver entièrement la tête une fois par mois, soit avec de l'eau de son pour les dégraisser, soit avec des infusions émollientes ou aromatiques, selon que l'on sent le besoin ou d'apaiser les démangeaisons que causent souvent les chaleurs au cuir chevelu, ou de fortifier la racine des cheveux; ces lotions sont favorables à l'accroissement de la chevelure. »

La chevelure étant le plus gracieux des ornements de la beauté féminine, je ne crois pas être importun en insistant sur un sujet qui tient une place prépondérante dans la vie de toutes les femmes, jeunes ou âgées, indistinctement. Je cite encore un dernier conseil :

« Il faut brosser les cheveux avec une brosse un peu dure, trempée, par ses extrémités seulement, dans un mélange d'eau et d'un spiritueux doux, tels que l'eau de Portugal; les peigner ensuite avec un peigne à dents serrées, mais pas assez pourtant pour qu'il ne puisse dégager la peau de la tête de tout ce qui s'en détache dans le cours de la journée. On y repasse ensuite la brosse imprégnée d'eau de Portugal pure, si l'on a les cheveux naturellement onctueux; ou, s'ils sont secs, une brosse particulière, frottée de bonne pommade.

« Les huiles et les pommades ne sont nécessaires aux cheveux que lorsque, par l'effet des années ou d'accidents, ils commencent à se dessécher. » *Hygiène des dames.*

Bien des recettes ont été préconisées pour arrêter la chute des cheveux, en voici quelques-unes :

Suivant un fait rapporté par les *Ephémérides des curiosités de la nature*, la décoction de buis aurait la propriété de faire croître les cheveux d'une manière extraordinaire.

« Les orties, au dire des *Kneip-blëtter*, seraient un excellent préservatif contre la chute des cheveux. On prétend même qu'elles les font repousser lorsque la racine existe encore. On utilise pour cela les racines d'orties :

200 grammes de ces racines hachées menu sont bouillies pendant une demi-heure dans un litre d'eau et un demi-litre de vinaigre. Cette décoction une fois décantée, on s'en frictionne la tête chaque soir avant de se coucher. » *Le Bulletin des Halles et Marchés*.

Tout dernièrement un docteur hollandais préconisait l'acide lactique en solution à 50 p. 100 comme traitement efficace de la calvitie.

Les docteurs Bayen et Stocanovich, de leur côté, ont obtenu d'excellents résultats en n'employant qu'une solution au tiers. Après avoir dégraissé la peau avec un mélange d'alcool et d'éther, ils la frottent avec une boulette d'ouate hydrophile imprégnée d'acide lactique qui produit une douleur légère. Quand la peau est irritée, on suspend et on enduit la surface avec de la vaseline boriquée. Il est bon de faire un lavage quotidien avec une solution de sublimé à 1 p. 2 000.

Les premiers cheveux blancs sont regardés comme un signe avant-coureur de la vieillesse; pour combattre cette indiscrète apparition, on peut, si les teintures du commerce n'inspirent pas confiance, essayer les procédés plus simples qui suivent : l'écorce de liège brûlée, incorporée dans une pommade; l'infusion des écorces du chêne, du noyer, du mûrier noir, le brou de noix, et en général toutes les substances végétales riches en tannin. On s'en lave les cheveux qui noircissent à la longue. On hâte l'effet désiré en se servant chaque jour d'un peigne de plomb.

Les sourcils. — Rien ne complète mieux l'expression du visage que des sourcils soyeux et fournis. Si malheureusement les vôtres sont rares et peu longs, vous pouvez les faire épaissir en y appliquant de la cendre d'écorce de liège que vous aurez, au préalable, incorporée dans deux parties égales de glycérine et d'eau de rose.

Quelques lignes, empruntées encore à l'aimable et poétique érudition de Mme Voïart, atténueront la sécheresse des présentes recettes. Jugez de quelle charmante façon elle nous enseigne l'histoire : « Les Grecs, dont le goût était si pur, et qui sont restés nos maîtres dans l'art d'exprimer la beauté, aimaient les sourcils séparés l'un de l'autre, et un front bien proportionné. Les Romains, au contraire, préféraient un petit front et les sourcils joints. Ovide assure que les femmes de son temps se peignaient les sourcils pour qu'ils parussent n'en faire qu'un. Voilà sans doute ce qui a donné lieu de comparer les sourcils à un arc d'or ou d'ébène. Cette métaphore manque de justesse si par là on entend chaque sourcil pris isolément : réunis, ils présentent au contraire l'image des armes de l'amour, et les traits qui s'échappent des yeux qui s'abaissent, achèvent de rendre vraie la poétique comparaison.

« Les paupières viennent compléter cette partie de la physionomie humaine : mourantes ou pleines de langueur, elles obéissent aux impulsions de la timidité, de la modestie, de la pudeur. Leurs mouvements doux et faciles ajoutent un charme indicible à l'expression du regard. Les poètes ont comparé les paupières de Vénus à un champ de fleurs, c'est-à-dire à ce qu'il y a de plus gracieux dans la nature. Sophocle, en parlant du doux regard d'une belle femme, assimile ses paupières à celles de l'aurore. Qui ne connaît les poésies orientales où les yeux des jeunes Arabes ont la douceur des noires paupières de la gazelle ? »

LA BOUCHE. — Un écrivain allemand, Herder, dit dans un de ses ouvrages : « Une bouche délicate et pure est peut-être une des plus précieuses recommandations; la beauté du portique annonce la dignité de celui qui doit y passer; ici c'est la voix, interprète du cœur et de l'âme; l'expression de la vérité, de l'amitié, des plus nobles comme des plus tendres sentiments. »

Prenons donc un soin jaloux de ce portique, puisque portique il y a. La beauté n'est pas seule en jeu dans l'affaire, la santé y entre aussi pour une grosse part. Une bouche saine, des dents blanches, vous éviteront bien des maladies.

Le mouvement trop répété des muscles de la bouche creuse de chaque côté des sillons qui déparent le visage. Il est bon, en conséquence, de n'user du rire qu'avec modération.

En Orient, les femmes des harems mordent dans des citrons pour blanchir leurs dents, parfumer leur haleine, et rendre leurs lèvres vermeilles.

Pour l'entretien de la bouche et des dents, voici un procédé économique et antiseptique qui vaut tous les dentifrices connus.

Sur votre brosse à dents, qui aura trempé une dizaine de minutes dans l'eau chaude, mettez une assez forte pincée de bi-borax, tous les épiciers vendent des boîtes de bi-borax à 10 et 20 centimes, et frottez-vous les dents avec cette poudre.

Versez ensuite dans votre verre, où vous aurez laissé la valeur de deux cuillerées à soupe d'eau tiède, une cuillerée à café de la composition suivante :

Eau phéniquée au 100°. . . 125 grammes
Eau. . . . . 125 —
Chloroforme. . . . . 1 cuillerée à café

et rincez-vous la bouche avec cette eau. Non seulement vos dents seront toujours blanches, mais votre bouche et votre gorge aseptisées resteront en parfait état de santé.

LES MAINS. — Pour avoir les mains blanches,

il suffira de mettre chaque matin dans votre eau de toilette, une poignée de farine de maïs et une poignée de sciure de bois. Frottez-vous énergiquement avec ce mélange, et vos mains auront la pâleur distinguée, la souplesse et la douceur, de celles des prélats et des duchesses.

Une jolie main ou plutôt une main soignée, des ongles nets, sont des signes de bonne éducation. Bien des gens regardent vos mains pour savoir ce que vous êtes ou ce que vous faites, et l'apprennent mieux par cet examen que s'ils le demandaient à vous-même. Renseignez donc le plus avantageusement possible, sur votre compte, ces curieux ou ces indiscrets, en leur montrant toujours des mains irréprochables.

II

LE CHARME — LA DISTINCTION — L'ÉLÉGANCE

La beauté séduit, le charme retient. — Manière d'acquérir le charme. — La bonté, charme suprême. — La distinction. — La femme distinguée. — Comment on développe ce don. — L'élégance. — Fautes de goût à éviter. — L'influence des tissus sur l'aspect extérieur. — Les nuances favorables et défavorables.

LE CHARME. — Si l'homme s'arrête et s'incline devant la beauté, le charme seul a la puissance de le retenir et de l'enchaîner. Qu'est-ce donc que le charme, cette chose intraduisible, cette émanation subtile, ce rien et ce tout, que la femme possède sans être belle, et qui peut entamer l'indifférence des plus orgueilleux ? C'est impossible d'en donner une définition précise. La grâce du geste et de l'attitude; l'accent, le ton musical ou voilé de la voix; l'amabilité du sourire; l'intelligence, la douceur du regard; la finesse de l'esprit; la délicatesse de la bonté ; le goût de la toilette, sont des motifs de charme. Il en existe d'autres, plus secrets, plus mystérieux, qui échappent à l'analyse, qui font partie pour ainsi dire de la personnalité de celle dont ils émanent et qui ne ressemblent à aucune autre. Chaque femme a son charme particulier, son influence personnelle, sa puissance attractive, que l'on subit, sans pouvoir dire au juste d'où provient cette séduction.

Que mon aimable lectrice veuille bien méditer un moment, après avoir passé en revue, sans trop de fatuité, les dons que la nature ou l'éducation lui ont généreusement départis. Des flatteurs, — il y en a toujours, — ont dû lui vanter tel ou tel charme de sa personne ; son miroir également n'a pas été sans lui montrer quelles sont les choses préférées sur lesquelles son attention se porte plus complaisamment. Eh bien ! puisqu'elle est intelligente, qu'elle fasse d'abord la part d'exagération, par où pèchent les flatteurs et les miroirs, et qu'ensuite elle envisage impartialement, comme si dont elle s'occupe appartenait à une de ses amies, qu'elle envisage les dons qui la parent et qu'elle les cultive avec persévérance. Les roses ne naissent pas d'elles-mêmes, il faut les soins d'un patient jardinier pour qu'elles éclosent. Il en est de même des qualités. Cultivez vos gestes, votre voix, votre regard, en ayant bien soin de bannir toute afféterie de cette culture, celle-ci vous rendrait ridicule et ce n'est pas ce que vous cherchez. Enrichissez votre esprit par le choix de lectures élevées, épurez votre goût en visitant les musées, en feuilletant les albums d'art; mais par dessus tout, consacrez le meilleur de votre temps à la culture de la bonté. La bonté est le charme suprême, le charme essentiel d'où découlent tous les autres. La bonté donne un accent émouvant à la voix, elle illumine le regard, elle ennoblit les gestes, elle rend le sourire irrésistible et enlève à l'esprit ce qu'il peut avoir de trop caustique. Semez de la bonté, vous récolterez de l'amour, vous rencontrerez toujours des yeux qui vous trouveront la plus belle, des cœurs pour lesquels vous ne vieillirez jamais.

LA DISTINCTION. — Voici un don spécial, assez rare. Ceux qui le possèdent doivent se considérer comme des favoris du destin. La distinction ne s'acquiert pas, c'est un don de naissance, que l'éducation et le milieu développent. Une femme distinguée se remarque à l'aisance de ses manières, à sa parole élégante et facile, à la précision de ses gestes, au goût de sa toilette, à son à-propos. Elle est admirable, elle n'a pas d'arrogance et pourtant elle ignore la timidité, elle parle avec intérêt de choses qu'elle connaît à peine, elle paraît toujours d'humeur égale, ne fait montre d'aucune préoccupation, elle accepte les hommages et vous les rend avec esprit, elle n'est déplacée nulle part et se conforme avec tact aux exigences des situations.

Si vous avez la faveur de posséder ce don, mais, pour une raison quelconque, encore à l'état embryonnaire, il vous est possible de lui donner l'ampleur qu'il mérite. Pâlir sur les manuels du savoir-vivre et de la civilité ne suffit pas, il faut surtout bien choisir ses relations, assister aux réunions élégantes, fréquenter les personnes qui vous semblent avoir de la distinction, les regarder, les écouter, les imiter. Il n'y a pas de ridicule à copier les manières d'une personne dont les titres à cet égard sont reconnus de tous. Si vous êtes douée vous-même, cette imitation se fera discrètement, vous lui imprimerez votre cachet personnel, la nuance différente qui s'harmonise le mieux à votre caractère, à vos goûts particuliers; vous lui donnerez ce grain d'originalité suffisant pour éloigner l'idée de copie servile, de singerie.

Regardez attentivement la personne que vous avez choisie pour modèle; étudiez la grâce penchée de son buste, son geste mesuré, l'amabilité de son accueil. Ses toilettes sont d'un cachet rare, tant par leur ton discret que par l'accord des couleurs qui les composent; ses bijoux sont ravissants, mais elle en a peu; ses chaussures, ses gants sont immaculés; son parfum est à peine perceptible. Ecoutez-la causer, jamais elle n'élève la voix, elle ne se sert que de termes convenables et sait, par des appréciations délicates, faire plaisir à son interlocutrice. Remarquez bien comment elle parle à ses supérieurs, à ses égaux, à ses inférieurs; comment elle aborde et prend congé de ses amies ou des étrangers. Elle sait l'art des nuances, en use avec génie, à vous d'en saisir toutes les subtilités en la regardant agir.

Mais si vous n'avez pas les dispositions requises, mieux vaut abandonner cette difficile imitation. En l'exagérant, en la dénaturant, vous tomberiez dans le grotesque. La bonne et courante simplicité est alors de beaucoup préférable.

L'ÉLÉGANCE. — Il serait prétentieux de ma part de vouloir donner de graves conseils sur cet aimable sujet. Mon expérience sera toujours inférieure à celle de ma gracieuse lectrice. Je ne veux donc que lui rappeler les quelques principes généraux qu'elle pourrait avoir momentanément oubliés.

Ici, plus qu'ailleurs, la mesure et la modération font loi. L'élégance ne s'estime pas au prix du tissu, à la somptuosité du manteau, aux garnitures du chapeau. Au contraire, la sobriété des détails donne presque toujours plus de cachet et de chic à l'ensemble.

Il faut savoir ne pas dépasser les limites que vous imposent et votre situation sociale et votre état de fortune, comme aussi éviter les contrastes trop marqués, entre les divers **éléments** de votre toilette. Une jupe neuve s'accommode mal d'un corsage défraîchi. Un costume gracieux et seyant, mais de prix modeste, peut être déparé par un sautoir trop lourd que l'on devine en doublé et que remplacerait avec avantage une simple branche de mimosa.

Ces remarques ne sont pas neuves et presque toutes les femmes, quel que soit leur rang, ne manquent pas d'en tenir compte.

Mes lectrices savent également que les costumes à grands dessins, à ramages et trop ornés ne conviennent pas aux petites tailles, les carreaux, les quadrillés, les pointillés, aux personnes possédant un certain embonpoint. Les tissus à raies verticales amincissent le buste et font paraître plus élancées celles qui les portent. Combien d'innocents artifices existent ainsi, pouvant améliorer l'aspect extérieur et dont notre élégante compagne pourra toujours user sans avoir à craindre nos reproches puisque nos yeux y trouveront d'agréables satisfactions !

Le choix des couleurs a bien aussi son importance. Un célèbre savant, Chèvreul, s'est amusé, dans un jour de loisir, à mettre ses connaissances au service de la beauté et voici ce qu'il recommande : aux blondes, le bleu clair qui est la couleur complémentaire du pâle orangé, base de la couleur blonde, et pour les blondes à teint rose : le vert clair. Par contre, les femmes à teint vermeil doivent bannir le vert de leur toilette, parce que le rouge étant la couleur complémentaire du vert, cette dernière nuance aviverait l'éclat déjà trop vif de leur visage. Le jaune, l'orange, le rouge, en raison du contraste que ces couleurs produisent avec le teint mat et les cheveux noirs, sont favorables aux brunes. Le bleu foncé qui réfléchit l'orange leur est contraire. Le violet, réflecteur de la couleur jaune, est une nuance ingrate, tout particulièrement pour les femmes de teint olivâtre.

Enfin, pour conclure, je dirai que la mode, qui ne craint pas les excentricités, a souvent des exigences auxquelles il est permis de ne pas obéir aveuglément. Faites un choix dans ses caprices et n'hésitez pas à écarter ceux qui vous paraîtraient exagérés.

III

L'ART DE PLAIRE

L'égoïsme éloigne les sympathies. — Qui se ressemble s'assemble. — Comment on se fait des amis. — Identité d'impressions. — Approbation et persuasion. — Le monde nous rend ce que nous lui donnons. — Le sympathique et l'antipathique. — Le vrai succès doit être ratifié par la foule. — Adieu au lecteur.

« Que ce soit avec les femmes, avec les rois ou avec le peuple, qui veut régner doit plaire. » Ainsi parle Mistral.

L'action de plaire joue donc un rôle prépondérant dans la vie. A moins d'être un misanthrope désabusé, un affamé de solitude, un vaincu poussé par le sort dans la sombre phalange des parias, nous allons et venons dans la fourmilière humaine, en quête de sympathies, à la recherche d'un esprit fraternel, d'un cœur épris, d'une main dévouée. Nous voulons des amis, pour descendre avec eux, sans effroi, la voie mystérieuse qui conduit au « portique ouvert sur les Cieux inconnus ! » Mais que de tentatives vaines dans cette recherche ! Que de démarches inutiles avons-nous faites, que d'avances ignorées ou mal comprises !

L'art de plaire n'est cependant pas si difficile qu'on se l'imagine ordinairement. C'est parce que nous y mêlons trop d'égoïsme ; parce que nous l'entourons de complications absolument superflues, que nous avons si souvent passé le but sans l'atteindre, que nous avons bien des fois replié notre âme meurtrie devant une indifférence imméritée. Un visage gracieux, la beauté du corps ne suffisent pas toujours pour plaire ; il y faut autre chose, de moins apparent peut-être, mais tout aussi nécessaire, parfois même pouvant remplacer avantageusement la beauté absente. Je vais essayer de l'expliquer.

Deux phrases me paraissent assez bien concrétiser l'idée de plaire. L'une est un dicton populaire, généralement employé en mauvaise part : « Qui se ressemble s'assemble »; l'autre est un aphorisme de M. O. S. MARDEN, cité par moi à la page 124. « Le monde nous rend ce que nous lui donnons. »

Qui se ressemble s'assemble, dit le proverbe. Quand des intérêts ou des projets particuliers ne sont pas en jeu, les personnes qui se rassemblent sont donc celles qui ont les mêmes goûts, les mêmes idées, les mêmes désirs, celles qui se ressemblent mentalement. Et c'est parce qu'elles trouvent un plaisir dans cette ressemblance qu'elles rechercheront toutes les occasions de se réunir. Celui qui veut plaire doit, par conséquent, s'efforcer de ressembler mentalement à la personne dont il brigue l'amitié. Je veux me servir d'une comparaison quelque peu osée, mais que tous les lecteurs comprendront. Quand deux personnes ont la même *tonalité*, c'est-à-dire quand le délicat et vibrant clavier de leurs nerfs, touché par la même impression, rend un accord identique; quand par exemple, l'aspect d'un mélancolique paysage d'automne, ou l'audition d'un chef-d'œuvre lyrique, ou la constatation d'un malheur injustifié, les émeut pareillement, fait naître en eux la même pitié, tire de leurs yeux des larmes également sincères, ces deux êtres si semblables peuvent atteindre à la sublime amitié, à l'indéfectible amour. Il est bien rare, hélas ! de rencontrer ce merveilleux accord. Toutefois, nous devons chercher à en approcher le plus possible, si nous voulons ravir à la vie ce qu'elle a de meilleur, être heureux et faire des heureux ici-bas.

Ordinairement la sympathie, l'affection, ne naissent pas spontanément. Commencez d'abord par étudier avec tact les goûts, les idées de votre interlocuteur, effacez-vous devant lui, laissez-le causer, procurez-lui l'occasion de vous dévoiler son caractère. Puis, quand vous le connaîtrez suffisamment, après trois, cinq, dix entrevues, parlez-lui de ce qu'il aime, partagez ses préférences, approuvez l'équité de ses opinions, en un mot, que votre esprit ressemble au sien. Vous aurez fait sa conquête, vous lui plairez. Il ne faut pas cependant que votre acquiescement tombe dans la servilité, ni sacrifier l'élévation de votre pensée à des satisfactions d'amour-propre; il ne faut pas jouer la comédie de l'hypocrisie. Si vous reconnaissez que votre nouvel ami possède un esprit étroit, des idées contraires à la saine raison, absolument opposées aux vôtres, il vaut mieux que vous rompiez vos relations qui ne vous apporteraient que des désillusions. Cherchez parmi les quelques hommes supérieurs que vous pouvez approcher et parmi ceux plus nombreux qui, à défaut de supériorité marquante, possèdent du bon sens, de nobles enthousiasmes, le goût du bien et du beau. Progressivement; à force de persuasion, de bienveillance, de lucidité, devenez maître, soyez éducateur, haussez jusqu'aux grandes idées qui vous animent les intelligences de bonne volonté qui ne demandent qu'à progresser. Vous aurez commencé par ressembler, et c'est à vous qu'on ressemblera par la suite; la sympathie qu'on vous porte n'en sera pas diminuée pour cela, croyez-le bien.

Le seconde citation : « Le monde nous rend ce que nous lui donnons », exprime bien la seconde phase de l'art de plaire. Passez dans la vie, le mépris aux lèvres, la haine au cœur, soyez dur pour les humbles, fermé à toute pitié, le monde vous rendra la monnaie de votre orgueil et de votre méchanceté. Vous serez enveloppé d'une atmosphère maléfique, dont

15.

vous sentirez à la longue la funeste action. Vous serez l'isolé que la foule se réjouira de piétiner, si le destin vengeur vous abat un jour!

Il n'est même pas besoin d'aller jusqu'à l'arrogance ou la brutalité pour s'attirer l'antipathie de son prochain. L'homme égoïste, qui dissimule sous des manières quelquefois polies, faciles à démasquer, sa parfaite indifférence, la sécheresse d'un caractère bien trop occupé de soi-même pour témoigner aux autres quelques velléités d'intérêt; ou encore le professionnel du dénigrement, le virtuose de la calomnie, qui sait habilement doser son venin et qui démantèle une réputation, lentement, pierre à pierre, avec des précautions d'orfèvre pesant de l'or, ceux-là moissonnent l'aversion et se font des ennemis partout où ils passent.

Au contraire, si vous êtes bon, si la peine des autres éveille votre compassion, si vous savez fraternellement panser la blessure de celui qui souffre, si, partageant l'avis de Sénèque qui considère le malheureux comme une chose sacrée, vous aidez par la parole et par l'action les faibles que la malchance poursuit; si vous êtes courtois, affable, indulgent, toujours disposé à relever une défaillance, à respecter une timidité, à encourager un effort sincère, vous rallierez autour de vous des sympathies, des amitiés, des dévouements, décidés à concourir avec vous au bonheur de votre existence, à vous payer généreusement, en attentions agréables, en services précieux, les satisfactions qu'ils vous doivent. Cet appui moral augmentera votre force, facilitera la réalisation de vos projets, vous permettra de surmonter les épreuves.

Le succès qui porte envie est mauvais. Seul est vrai, légitime, réconfortant, celui que la foule regarde comme la juste récompense d'un mérite incontesté. Ayez un noble cœur, vos succès seront ainsi salués d'approbations unanimes.

Tel est, ébauché à grands traits, cet art de plaire, à l'exercice duquel notre raison ne se plie pas suffisamment. Combien la société serait meilleure, si nous voulions tous y consacrer quelques moments d'application, oublier nos rancunes et discipliner notre caractère !

CONCLUSION

Me voici arrivé au terme de cette étude. Je remercie ceux des lecteurs qui m'ont fait crédit de leur temps et qui m'ont honoré de leur indulgente attention. Je tiens à les considérer comme des amis, partageant mes espoirs et mes idées, et désirant comme moi l'avènement d'une humanité meilleure, consciente de ses devoirs et de sa puissance, pouvant lutter contre l'adversité, capable d'écarter de sa route les forces aveugles, naturelles ou sociales, qui retardent sa marche en avant; d'une humanité avide de progrès, de bien-être, de bonté et de beauté, pour tous et par tous.

Je ne veux pas les quitter, ces amis, sans leur adresser un cordial adieu.

Les questions que j'ai traitées ne sont pas nouvelles; elles datent du commencement des sociétés; des hommes illustres les ont longuement et admirablement étudiées. Je n'ai voulu qu'en résumer les lignes principales, grouper les opinions de quelques-uns de ceux qui s'en occupèrent et tenter de rendre pratiques ces questions trop souvent considérées comme motifs à dissertations purement spéculatives.

Si, dans notre siècle, le peuple américain nous étonne par sa prodigieuse vitalité, par ses dons d'assimilation, par son utilisation intelligente des découvertes scientifiques, par l'habileté qu'il apporte à subordonner le progrès à ses besoins, c'est qu'il doit ces remarquables qualités à une élite de penseurs et d'écrivains qui lui ont enseigné en termes nets, précis, au moyen d'exercices faciles et pour des fins positives en même temps qu'honorables, l'art, négligé chez nous, de développer la volonté, de créer de l'énergie, de modeler un caractère. Je n'ai qu'imparfaitement, sans doute, exprimé ce nouveau mode d'enseignement. Bien des choses restent à dire, bien des points sont demeurés dans l'ombre, ce petit livre pouvait être mieux écrit. Tel quel, cependant, je crois qu'il sera utile à quelques-uns, qu'il mettra sur la voie et suscitera la curiosité des chercheurs.

Lisez-le attentivement, suivez fidèlement les conseils qu'il donne. Votre vie, au lieu d'être un fardeau abhorré, une suite ininterrompue d'épreuves injustes et de déceptions, — un cauchemar entre deux néants, ainsi que l'a dit Pascal, — votre vie vous apparaîtra sous un nouvel aspect, comme une arène lumineuse et claire, où vous pourrez déployer toutes les ressources d'énergie, toute la somme d'intelligence qui dormaient en vous, inemployées et confuses. Vous comprendrez pourquoi vous êtes ici-bas et quel est le but qu'il faut atteindre. La soumission de la matière à l'esprit, l'avènement de l'être intellectuel, de l'homme de détermination, que nous devrions toujours être, maître enfin de l'homme impulsif, mené par des habitudes, que nous sommes trop souvent ; telle est l'œuvre à laquelle vous êtes convié, la lutte qu'il faut mener à bien. Votre victoire vous sera payée, dès maintenant, en satisfactions sans nombre, satisfactions morales et matérielles, et vous vaudra peut-être, bien au-delà de ce monde, une récompense plus haute et plus durable.

Il serait trop long de discuter ici cette hypothèse. Rappelez-vous seulement que l'homme n'existe que par la pensée, que la pensée est tout et qu'elle seule ne meurt pas. Elevez votre pensée, délivrez-la de tous les liens qui l'asservissent à la matière, qu'elle plane d'une aile puissante, au-dessus de notre horizon borné; votre volonté peut lui faciliter cette sublime évasion; le jour venu, elle connaîtra sa patrie et c'est vers elle qu'elle prendra sans hésitation son immortel essor. Vouloir l'immortalité, c'est pouvoir être immortel. Préférez-vous le néant, voulez-vous la mort définitive, la nuit éternelle ? Veuillez et vous obtiendrez. Vous êtes le maître de votre destinée.

Vous, lecteur, qui m'avez écouté, qui savez à quel foyer réchauffer votre courage, qui êtes armé d'une inflexible volonté, je puis vous quitter sans crainte. Je sais quel sera votre choix, j'entrevois le cycle que voudra suivre votre pensée plus forte et plus résolue. Allez, ami, vers le bonheur !

TABLE DES MATIÈRES

PREMIÈRE PARTIE

DES QUALITÉS REQUISES POUR ARRIVER AU SUCCÈS

I. — LA CONFIANCE EN SOI

Pages

La fortune ne vient pas à vous, il faut aller à elle.	3
Comment être bien armé.	4
La confiance en soi.	5
Ne soyez pas inférieur aux autres.	5
La manière d'être supérieur.	6
Pour vaincre la timidité.	6
Comment on acquiert de l'aplomb.	7
Pour échapper aux influences extérieures.	8
Le défaut de la cuirasse.	9
Apprenez à parler.	11
Méthode pour obtenir la facilité d'élocution nécessaire à l'homme supérieur.	11

II. — LE CALME

L'éducation émotionnelle.	15
La colère signe de faiblesse.	16

	Pages.
Passions oppressives et passions exaltantes.	17
Réduction de l'impulsivité.	19
Concentration de l'énergie.	20
Ne soyez ni abattu ni coléreux.	22
La lutte contre l'adversité.	23
Pour donner une impression de force.	23
L'impassibilité, sa valeur.	24
La méditation.	26
Les bienfaits de la solitude et du silence.	27

III. — LA VOLONTÉ

La volonté, puissance merveilleuse.	29
L'homme qui réussit.	30
La véritable volonté.	32
Comment on acquiert de la volonté.	34
Rôle de l'autosuggestion.	35
Méthodes psychologiques.	36
De l'influence des passions dans le développement de la volonté.	37
Méthodes pratiques.	41
Exemples variés.	41
La pierre philosophale à la portée de tous.	44
L'homme maître de la fatalité.	45

IV. — LE CHOIX D'UNE PROFESSION

La vocation.	47
La manière de la percevoir et de lui obéir.	50
L'étude des difficultés.	53
Il n'y a pas de petites choses.	54
Dédaignez le hasard et la chance.	54
Soyez audacieux.	56
Les deux audaces : l'utile et la dangereuse.	56
Sachez saisir l'occasion.	58

V. — PERSÉVÉRANCE DANS L'EFFORT

Pages.

Ne faites qu'une chose à la fois.	59
Le type éparpillé décrit par M. J. Payot	61
Le temps c'est de l'argent, ménagez ce précieux capital.	62
Notre propre inspiration vaut mieux que le conseil des autres.	63
L'action efficace.	64
Procédez par courtes étapes.	64
Bien faire un travail, c'est y mettre de l'ordre et de la méthode.	66

VI. — DISCERNEMENT DES CARACTÈRES

Apprenez à connaître les hommes.	69
La physionomie.	70
Les cinq formes du visage.	73
Les traits, leur signification.	78
Les tempéraments.	86
Les paroles et l'attitude.	91
Valeur de la première impression.	94
Le maniement de l'homme.	96
La manière de le conquérir.	96
Comment repousser l'attaque d'un adversaire.	99

VII. — QUALITÉS SECONDAIRES

La politesse et l'affabilité.	103
Soyez juste et bon envers les inférieurs.	104
La conversation.	105
La raison et la vérité.	105
Comment on a du tact et de l'esprit.	106
L'art de bien écouter.	108

	Pages
Bien écouter c'est aussi bien apprendre...	109
Tenez toutes vos promesses...	109
Soyez exact, ne faites jamais attendre...	110

VIII. — QUALITÉS PHYSIQUES

L'homme ambitieux doit posséder une bonne santé...	113
Vous pouvez plaire sans être beau...	114
L'influence des pensées...	114
Un visage sympathique...	115
L'allure générale...	116
L'éducation du regard...	118
Etude du geste...	119
L'extérieur, les vêtements...	121
Pour produire une bonne impression...	122
Soyez accueillant...	122
La cordialité du salut et de la poignée de main...	122
Le sommaire d'un livre américain...	123
La meilleure ligne de conduite...	125

DEUXIÈME PARTIE

LES MOYENS

I. — COMMERCE ET SPÉCIALITÉS

Les meilleures professions...	130
Ce que peut faire une femme seule et pauvre.	131
Les ressources dédaignées...	132
Qualités requises pour faire un bon commerçant...	133

	Pages.
L'art de faire un étalage et d'attirer la clientèle.	135
Comment on accueille un client.	137
Le spécialiste.	138
Du choix des noms des spécialités.	139
Le fabricant doit suivre le goût de sa clientèle.	139

II. — LES PETITS MÉTIERS

Quelques indications à la portée des moins riches.	141
La noblesse et la valeur de l'effort.	143
Comment on arrive.	145
Exemple d'un camelot devenu millionnaire.	146
M. Whiteley, l'*universal provider*.	147
Conseils autorisés.	154

III. — LA PUBLICITÉ

La publicité, sa valeur incalculable.	157
Les peuples prospères s'en servent, les Français la négligent.	158
La réclame en Amérique.	159
Quelques curieux procédés.	160
Le but de la réclame.	162
Ce qu'elle doit être.	162
Nombreux exemples.	163
La couleur des affiches.	171
Rédaction et typographie du texte.	171
Les objets usuels dans la publicité.	172
Bonnes et mauvaises annonces.	173
Impressions produites par les annonces sur le lecteur de journaux.	174
La publicité est nécessaire à votre réussite.	175

TROISIÈME PARTIE

LA SANTÉ

I. — LE RÉGIME ALIMENTAIRE

	Pages
La santé, notre bien le plus précieux.	179
Connais-toi toi-même.	181
Les aliments : leur valeur nutritive	181
Les rations alimentaires.	184
Les aliments complets.	186
Les légumes et les fruits.	187
Mangez ce qui convient à votre tempérament.	190
Les bons apéritifs.	193
Valeur des boissons chaudes.	194
L'art de bien manger.	197

II. — NOTIONS D'HYGIÈNE

Les bains.	201
L'aération des chambres.	202
L'exercice respiratoire.	203
Les vertus de la marche.	205
Le travail et le repos.	206
L'art de bien dormir.	208
Le réveil.	210
L'hygiène du vêtement.	210
La défense contre le froid.	211
L'insolation.	213
La longévité.	214
Comment n'être jamais malade.	215
Hygiène psychique.	216
Pourquoi l'on meurt.	218
Comment on devient centenaire.	218

QUATRIÈME PARTIE

LA BEAUTÉ

I. — LA BEAUTÉ

	Pages
La beauté, arme invincible de la femme	223
Beauté classique et beauté moderne	225
Il n'y a pas de femme laide	226
Les ennemis de la beauté	228
Comment viennent les rides	229
Les femmes nerveuses	229
Pour calmer les nerfs	230
Recettes et Procédés	231
La fraîcheur du teint	231
Suppression des rides	232
Les yeux	233
Pour faire repousser les cheveux	235
Les sourcils	240
La bouche	242
Les mains	243

II. — LE CHARME. — LA DISTRACTION. L'ÉLÉGANCE

La beauté séduit, le charme retient	245
Manière d'acquérir le charme	246
La bonté, charme suprême	247
La distinction	247
La femme distinguée	248
Comment on développe ce don	249
L'élégance	250
Fautes de goût à éviter	250

	Pages
L'influence des tissus sur l'aspect extérieur.	251
Les nuances favorables et défavorables....	252

III. — L'ART DE PLAIRE

L'égoïsme éloigne les sympathies.	253
Qui se ressemble s'assemble.	255
Comment on se fait des amis.	256
Identité d'impressions.	256
Approbation et persuasion.	257
Le monde nous rend ce que nous lui donnons.	257
Le sympathique et l'antipathique.	258
Le vrai succès doit être ratifié par la foule.	259
Conclusion.	261

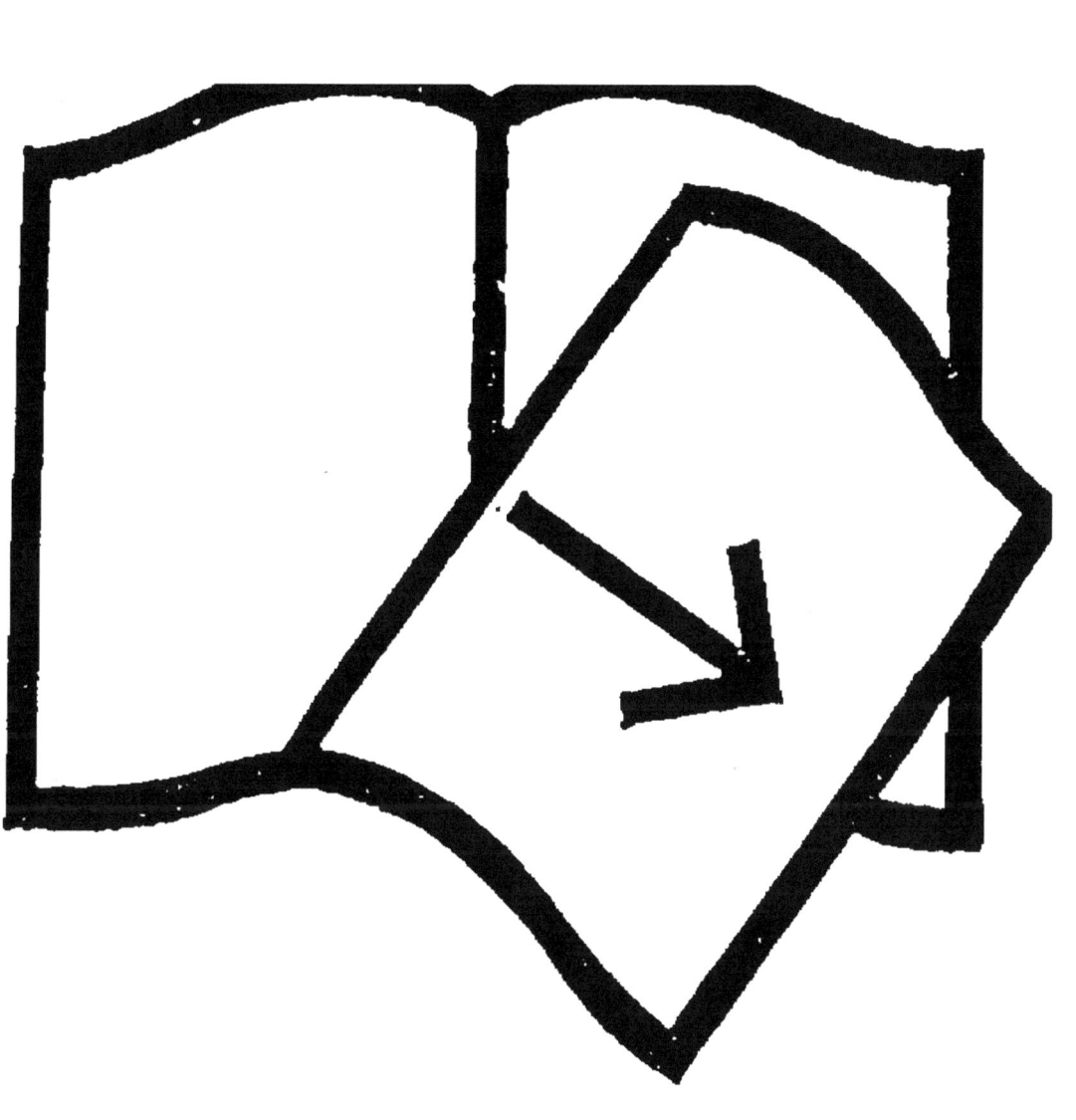

www.ingramcontent.com/pod-product-compliance
Lightning Source LLC
Chambersburg PA
CBHW050633170426
43200CB00008B/1001